図解&事例で学ぶ

書類&資料作りの教科書

尾上雅典 著者

マイナビ

掲載書類&資料の
ダウンロード方法

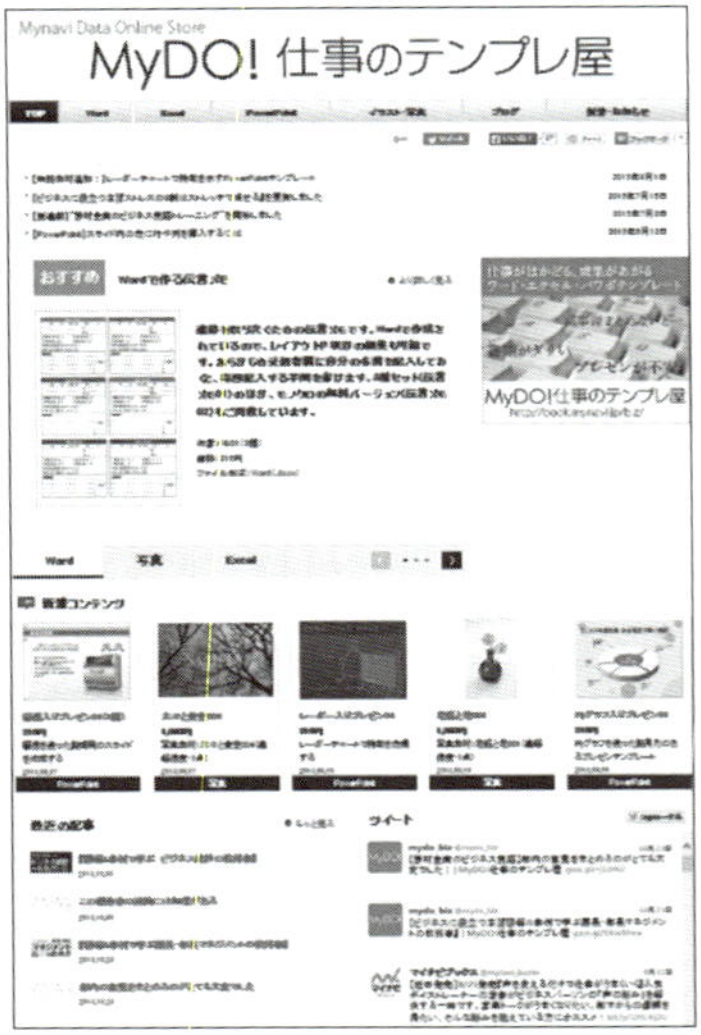

① 「MyDO!」にアクセス
https://book.mynavi.jp/biz/

▼

②特設ページをクリック

▼

③質問に回答する
※認証画面で本書関連の質問を出題

▼

④掲載書類&資料データを
ダウンロードしよう!

MyDO! はマイナビ出版のデータダウンロードサイトです

※ファイルの推奨使用環境等は、上記URLにてご確認ください
※データのダウンロードには会員登録(無料)が必要です
※ダウンロードできるファイルのデザイン等については本書に掲載したものと多少異なる場合がございます。あらかじめご了承ください

【本文に関する注意事項】

はじめに

　ビジネスで使われる文書には、さまざまな種類があります。何かを誰かに伝えるための文書、証拠を残すための文書、何かを管理するための文書。そして、それらの文書に説得力を与えるための資料などがあるでしょう。これらすべての文書は、使われる場所や、目的、送付される相手によってその見た目から中身まで大きく変わります。

　たとえば企画を提案するとき、それが社内向けか社外向けかで、必要とされる文書は、内容から体裁まで全く異なるものになる場合があります。社外のお客様は、社外からの提案を受けるときには「騙されないぞ」というスタンスで聞くことから始まるかもしれません。そんな相手を納得させるためには、じっくりとした説明と口説き文句が必要です。これに対して、社内の会議で提案する際には、「いいから結論は?」という流れになることが多いでしょう。これだけでも、それぞれに必要な文書や資料が異なることがおわかりいただけるでしょう。また、同じ資料でも、切り口を変えたり、見せ方を変えたりする必要があるかもしれません。

本書では、さまざまな文書を紹介することにより、「この文書ってどう作ればいいの？」という疑問に今すぐ答えられる本を目指しました。掲載されているサンプルは、そのまま利用していただいても結構です。また、文書に必要な要素をまとめてありますので、自分流にアレンジして使うこともできます。

1章では「ビジネス文書とは何か？」から制作するアプリケーションの選び方までをまとめました。2章では人を納得させるための表現手法について解説し、3章ではデータを説得材料に変えるための資料の作り方について解説しました。さらに、4章では社外向けの文書を、5章と6章では社内向けの文書についてサンプルを交えて解説しています。

本書が、ビジネスに関わっている方から、これから関わる方まで、あらゆる人にとって役に立つ教科書となれば幸いです。

尾上雅典

目次

第2章 説得力のある文書の作り方……41

第5章 業務を効率化する社内文書の作り方……137

第1章

ビジネス文書はどうやって作ればいいのか？

1-01

ビジネス文書とは何か？

すべての要となるビジネス文書

▼中心にはいつも文書がある

ビジネスのあらゆる状況で、常に文書が用いられます。

印刷され封書やハガキで届けられるもの。FAXで送信されるもの。メール本文としてあるいは添付ファイルとして送信されるもの。社外にはまったく出ることのないもの。金庫で厳重に保管されるものなど。形や用途はさまざまです。

ある時には、文書には大きな責任が生じることがあります。またある時には、文書によって業務が効率化できることもあります。さらに、人の目には見えない気持ちを癒やすこともあるでしょう。

このように、**ビジネスの中心には常に何らかの文書がある**のです。ビジネスに利用される文書はすべてがビジネス文書です。用途、立場、送り先など、さまざまな状況に合わせたビジネス文書を上手に活用することで、ビジネスチャンスをつかんでください。

ビジネスの中心には文書がある

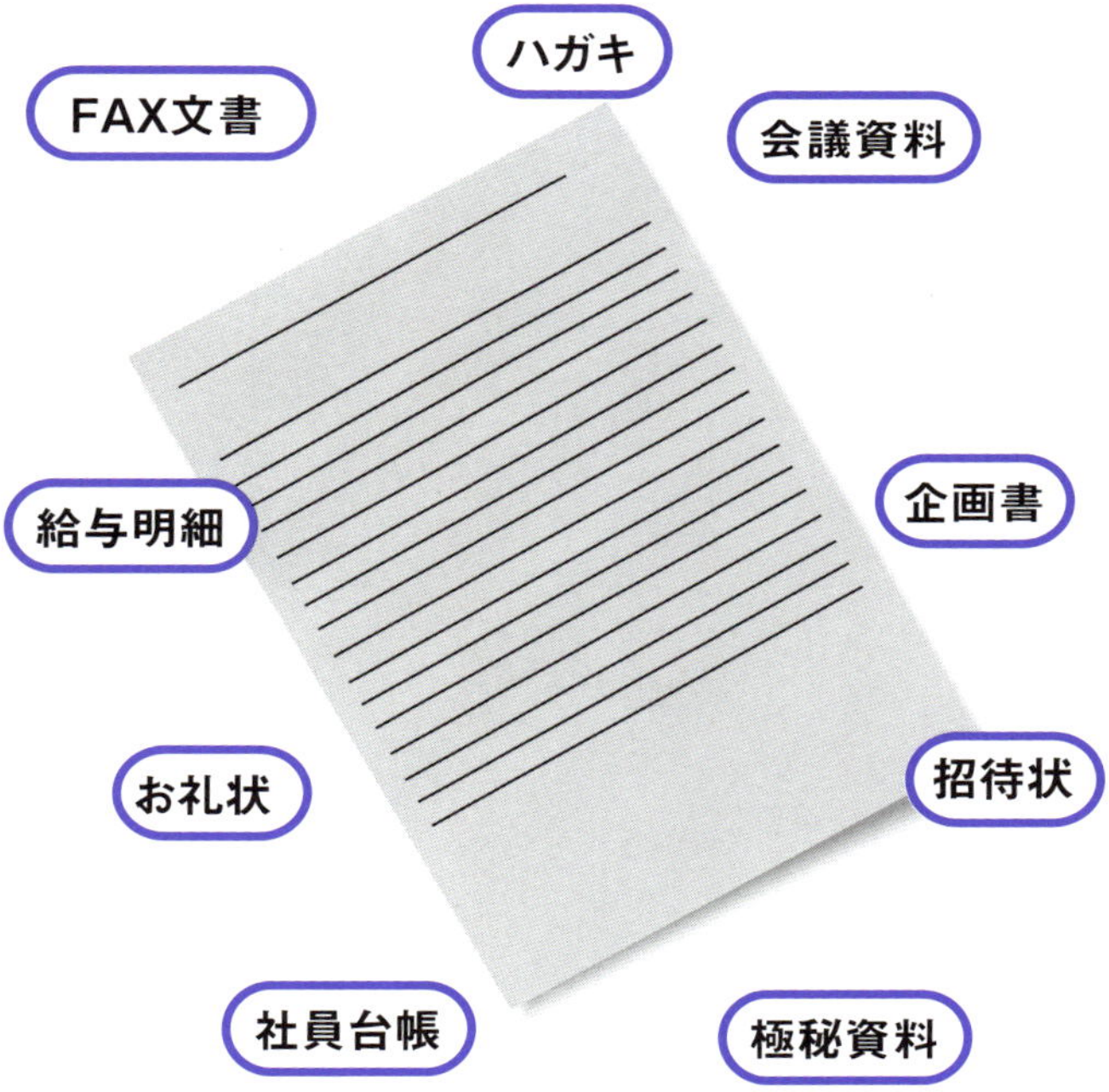

用途、立場、送り先など、さまざまな状況に合わせたビジネス文書を上手に活用することで、ビジネスチャンスをつかもう！

1-02

誰に、どんな形で見せるかを考える

5W1Hを意識して作成する

▼その文書で何を伝えたいのか

ビジネス文書を作る上で最も大事なことは、「誰に」「何を」「どんな形で」見せるのかということです。会社の住所を教えるだけなのに、送付状を用いて封書で送信するのは少々大げさです。しかし、お客様に商品お買い上げのお礼をするだけとはいえ、付箋に「ありがとうございました」と書いて商品に貼り付けるのは考えものです。常に、**「誰に」「何を」「どんな形で」を念頭に文書を作成**しましょう。

また、文書の内容で必要な要素は5W1Hです。これは、Who（誰が）Why（なぜ）What（何を）When（いつ）Where（どこで）How（どのように）の6つの要素の頭文字を取った用語です。これらの要素の中から、伝えるべきことを選んで文書を作成しましょう。重要なことはこの6つです。これ以外の要素は飾りであることが多いのですが、ビジネス文書ではその飾りも重要です。相手に失礼のないよう、また相手を思いやる気持ちをもって書くことも大切な要素です。

文書に応じて送り方も変わる

誰に送るのか?

何を伝えるのか?

どんな形で伝えるのか?

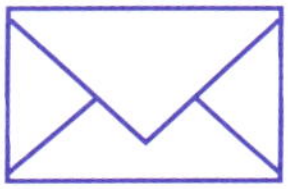

or

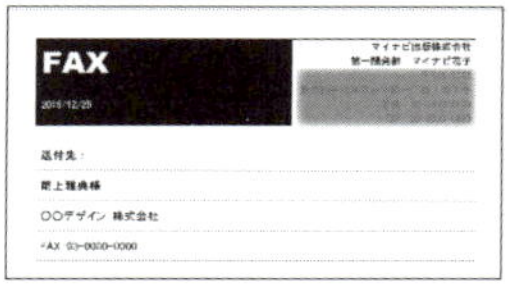

内容は5W1Hを意識して書く

Who 誰が?

Why なぜ?

What 何を?

When いつ?

Where どこで?

How どのように?

相手に失礼のないよう、また相手を思いやる気持ちをもって書く

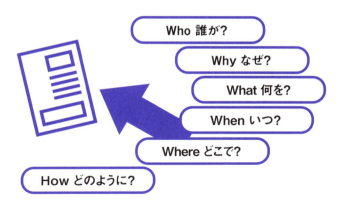

1-03

文書を印刷して配布する場合の作り方

印刷を考えた文書作成

▼作った文書がどんな形で読まれるのか

文書が印刷されてから配布される場合は、印刷後のイメージに合わせて初期設定を行わなければなりません。通常のA4横書きの文書を、封書やFAXで送付する場合には、プリンターに入っている普通紙への印刷で問題ありません。しかし、記念式典などへの招待状や、社葬の案内などは、通常縦書きのハガキに印刷します。この場合には、最初の用紙設定からそれを考えておかなければなりません。また、普通紙に印刷する場合にも、退職願や辞表などは縦書きにすることが多いため、A4ではなくB5サイズを利用します。

このように、**文書を印刷して配布または利用する場合には、それに合った紙の用意や、紙に合わせた用紙の初期設定を行わなければなりません。**また、相手先にデータを送付した後に印刷される可能性がある場合は、相手先のPCのOSやソフトウェアのバージョンが異なることで、意図しない印刷結果を生じる恐れがあることも知っておくべきです。この場合は、印刷結果が環境によって変わりづらいPDF形式での配布を検討しましょう。

印刷を考えた文書作成を行う

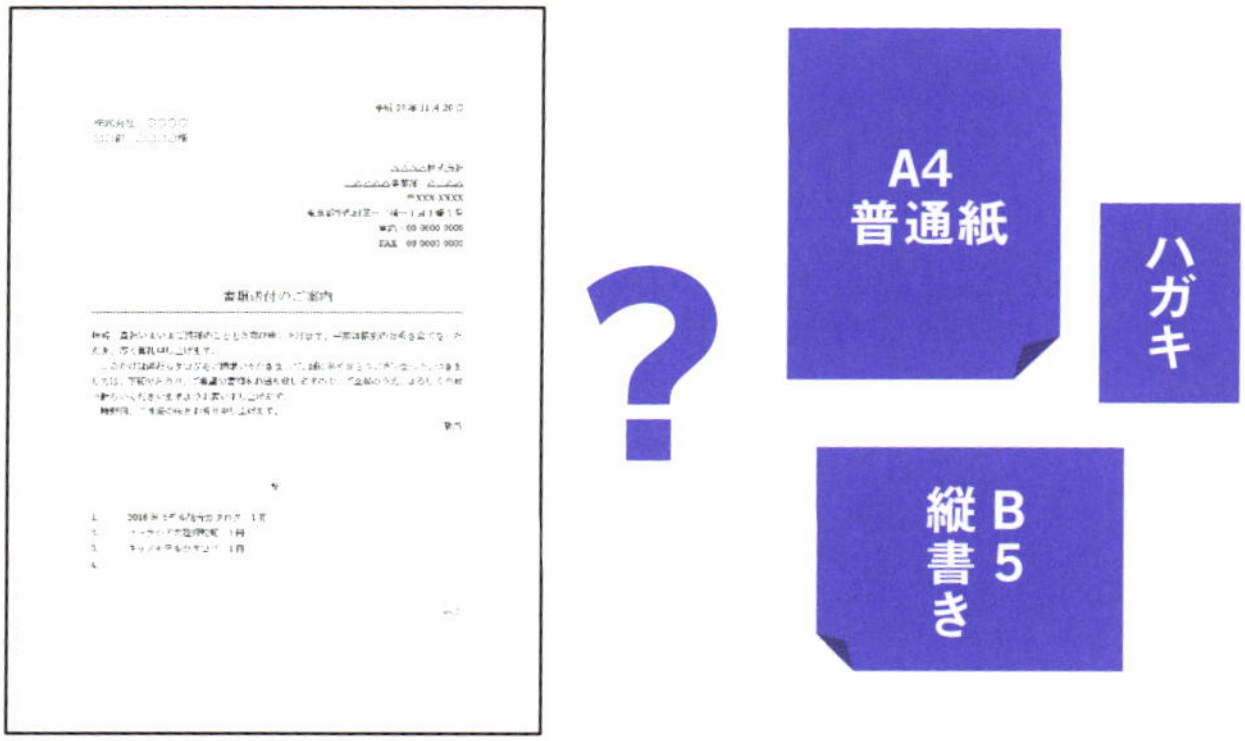

印刷スタイルに合わせて文書を作成する

PDF形式なら、どこで印刷しても同じように印刷される

1-04

スライドを作ろう

プレゼンテーション用スライドのポイント

▼文書はスクリーンに表示される

印刷が目的ではなく、プレゼンテーションなどに用いるためにスライドを作る際は、印刷して読まれる場合と大きく作り方が異なります。プレゼンテーションの場では、プロジェクターなどによってスクリーンに大きく映し出されたスライドの文字を読んでもらうことがあります。部屋の明るさやスクリーンまでの距離などの要因によって、**印刷した書類に比べて文字は読みづらくなります。**したがって、文字は大きめにしなければなりません。

また、プレゼンテーションでは、スライドの切り替えを使っての演出も重要な要素となります。時には、1枚のスライドに数個の文字だけを配置して、インパクトを狙うような作り方をすることもあります。

プレゼンテーションでは、スライドを見ながら説明を行いますので、スライドにすべての情報を記入しないこともあります。あえて書かずに、口頭で説明をすることで訴求力を向上させるのが目的となります。

プレゼンテーションでは、文書はスクリーンに表示される

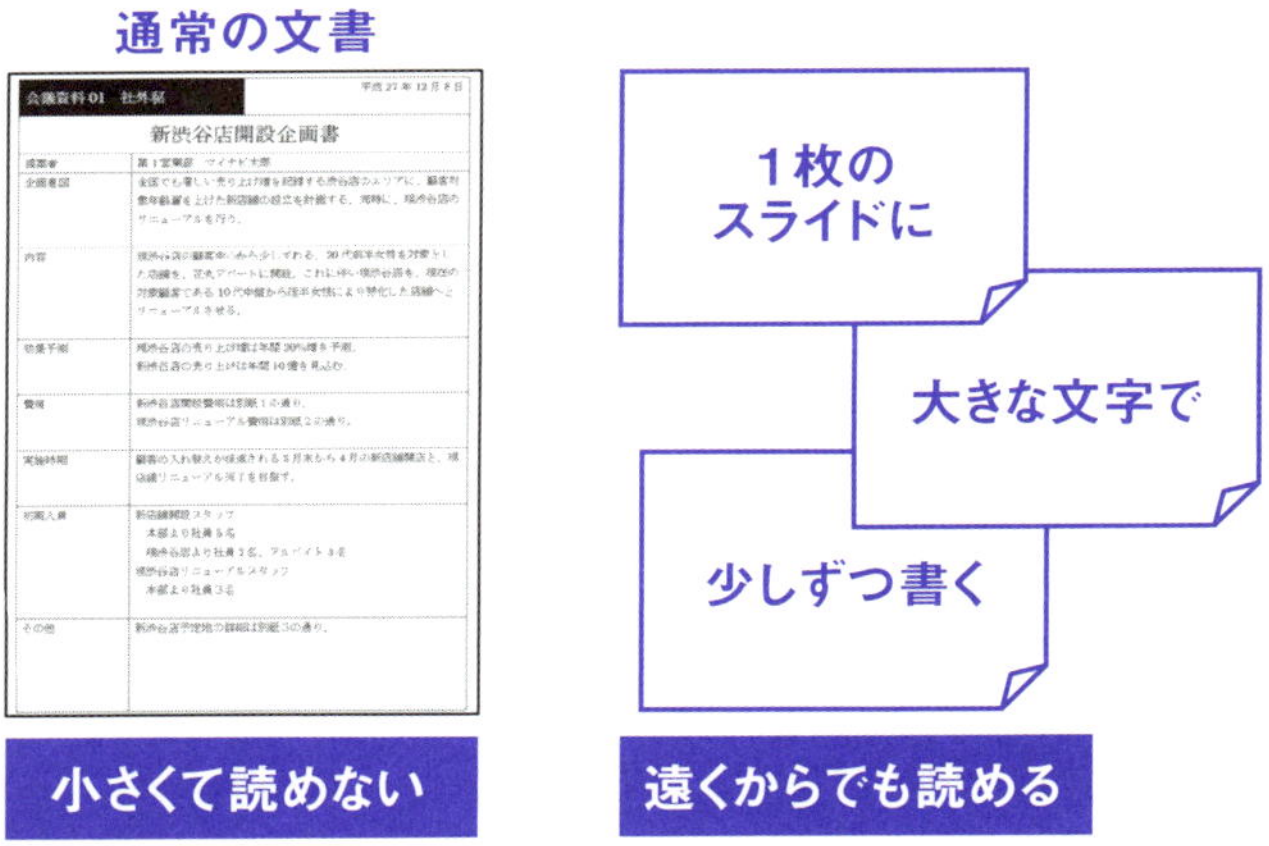
通常の文書
会議資料01　社外秘
平成27年12月8日
新渋谷店開設企画書
小さくて読めない
1枚のスライドに
大きな文字で
少しずつ書く
遠くからでも読める

あえて、すべてを書かないことも…

今期の売り上げは…
300億円
過去最高を更新!

1-05

文書作成アプリを使い分けよう

文書ごとに最適なアプリケーションの選び方

▼アプリケーション選びが第一歩

ビジネス文書作成のスタンダードアプリケーションといえば、マイクロソフトオフィスですが、このオフィスはいくつかのアプリケーションがまとめられたグループです。それぞれが、文書作成のための独自の特徴を備えたアプリケーションとなります。これらを**作成する文書に合わせて使い分ける**ことが、ビジネス文書作成の鍵となります。

ワードは、ハガキサイズの文書作成から、長編の論文などの制作までができます。また、住所録データを読み込んで宛名を印刷する「差し込み印刷」にも対応しています。一般的な文書作成はほとんどがワードの守備範囲と言えるでしょう。

エクセルは、数値の計算やグラフによるデータの可視化など、数値に強いアプリケーションです。また、表組みの見た目を利用した文書の作成にも利用できます。

パワーポイントは、スライドの作成と表示を行うアプリケーションです。自由なレイアウト能力を活かして、ビジュアル要素を中心とした文書作りにも利用できます。

文書ごとに最適なアプリケーションを選ぶ

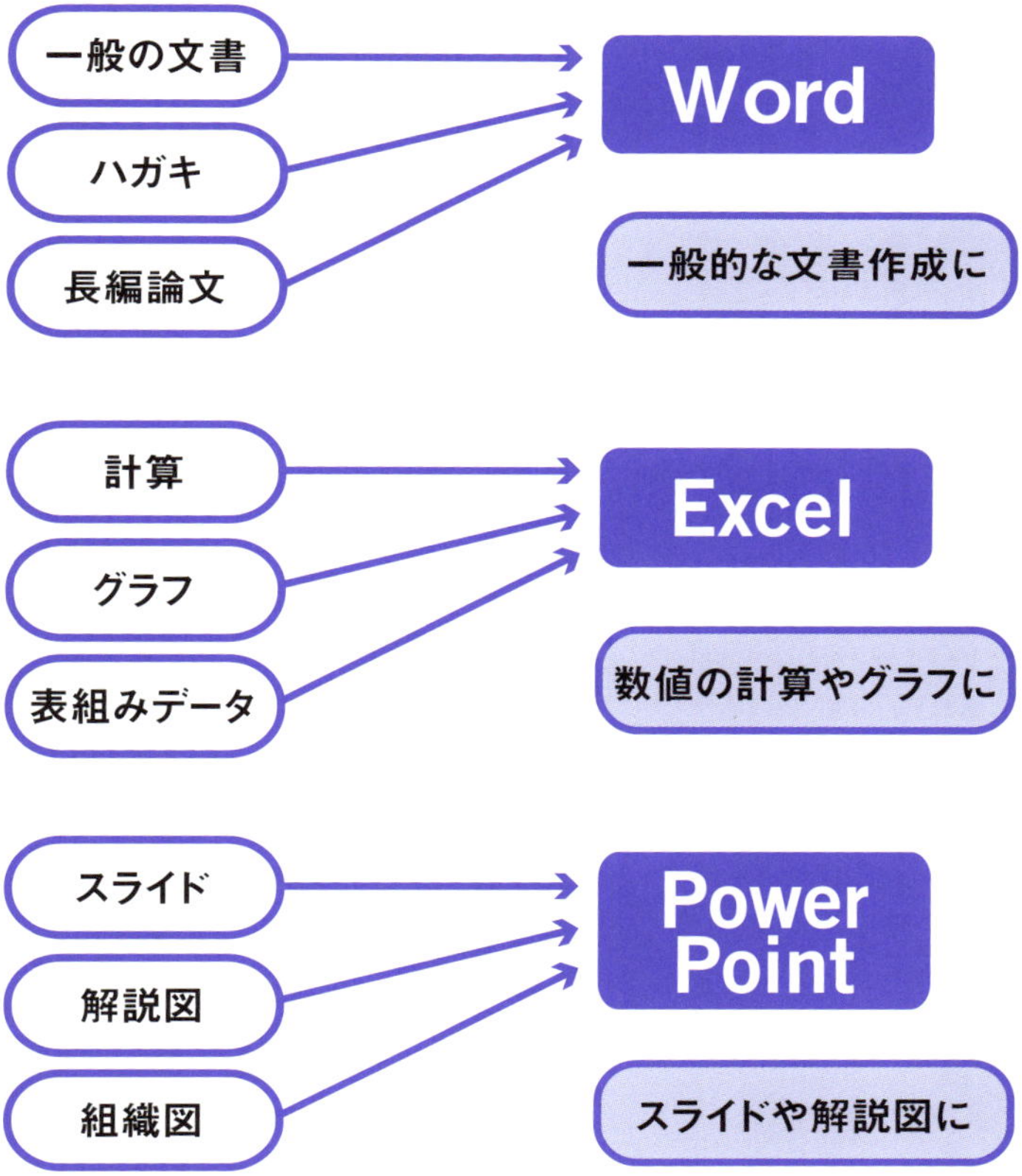

1-06

数字に強いエクセル

計算やグラフだけじゃもったいない

▼セルには数値以外のデータを入力できる

マイクロソフトエクセルは、表計算というジャンルのアプリケーションです。入力の最小単位である「セル」に数値が入力されると、それは計算式の一つの項としてそのまま利用できます。また、数値群を選択し、グラフの描画を選ぶだけでさまざまなグラフを作成することが可能です。グラフによる数値の可視化は、ビジネス文書で根拠を提示する際に非常に有効な手段です。

セルには数値以外に文字を入力することができます。セルに氏名を入力し、隣り合うセルに、メールアドレス、電話番号、住所……などのようにデータを並べていくことで、データ管理表を作ることができます。これ以外に、日付を入力することでスケジュールなどを管理する表を作成することができます。

エクセルは、数値の計算だけでなく、**表という見た目をそのまま利用した使い方においても、ビジネス文書作成の重要なツール**なのです。

数値の計算だけじゃないエクセルの幅広い用途

降水量の合計(mm)		
年月	練馬	室戸岬
1月	16	59
2月	127.5	100
3月	119	160.5
4月	117.5	178.5
5月	91.5	283.5
6月	485.5	276
7月	121.5	250
8月	81	562
9月	97	104.5
10月	336.5	398.5
11月	87.5	209.5
12月	59.5	127.5

データを可視化すれば、説得材料としての価値が上がる

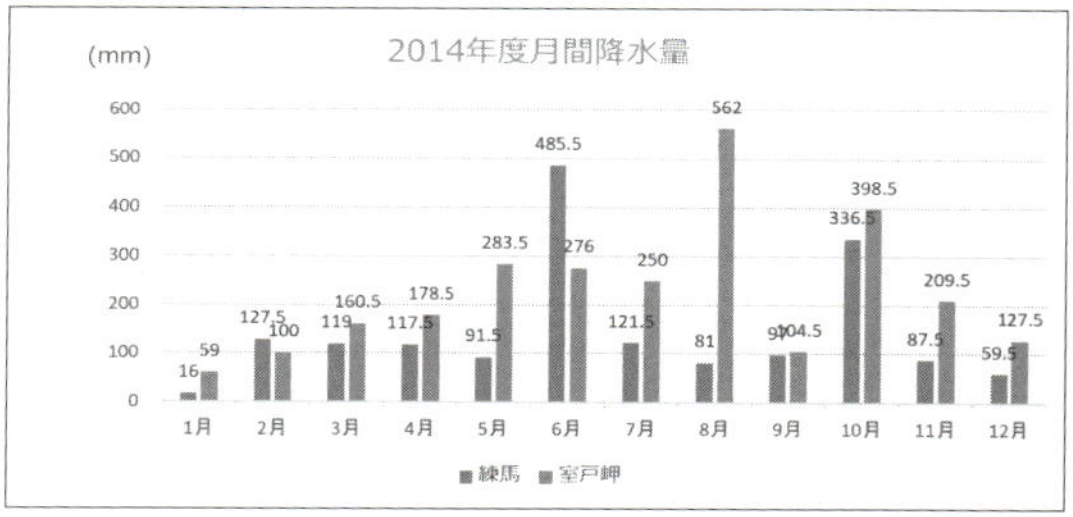

スケジュール管理にも利用できる

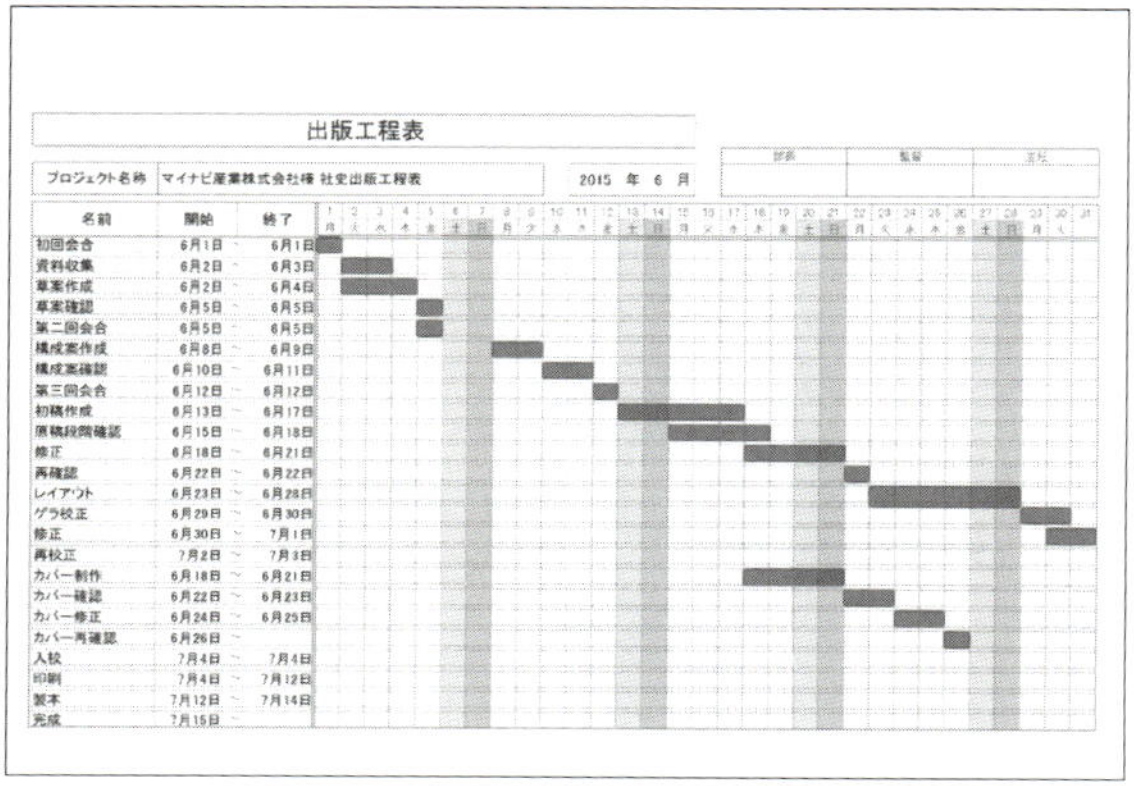

1-07

文書の作成ならワード

印刷という目標が明確なアプリケーション

▼ワードは文書作成の基本ツール

マイクロソフトワードは、ワードプロセッサというジャンルのアプリケーションです。その目的は、最終的に印刷物として書類を手にすることに特化しています。印刷対象となる用紙の情報を正しく設定すれば、ハガキサイズの小さな文書から、Ａ４サイズの用紙で数百ページに及ぶ論文や説明書まで制作することも可能です。

ビジネスの現場では、１ページから数ページの書類を制作することが主な用途となります。文書に記載される内容は、種類によってさまざまで、１ページあたりの分量も異なります。ワードを使うことで、Ａ４の用紙に文字を満たせるだけの文字量を持たない書類でも、簡単に違和感のないレイアウトの文書として作成することができます。

また、ビジネス文書では非常に重要になる、「拝啓」「敬具」といった「頭語」「結語」などを自動で入力する補助機能も備わっています。**手紙から一般的な文書まで、印刷を目的とする文書作成の中心となるツール**です。

ワードは文書作成の基本ツール

ワードではさまざまなサイズの、さまざまな種類の文書を作成できる。文書作成の基本となるツール

1-08

プレゼン資料作りのパワーポイント

自由なレイアウト機能はスライド以外でも活躍

▼好きな場所に好きなものを配置できる

マイクロソフトパワーポイントは、プレゼンテーションなどで使用されるスライド制作を主な目的とするアプリケーションです。また、作成したスライドを実際のプレゼンテーションで再生することも重要な役割です。

スライド作成にはルールはありません。文字の並べ方や大きさも、プレゼンテーション会場に合わせて作る場合、配布資料として作る場合で大きく異なってきます。そのため、パワーポイントでは、**好きな場所に好きな素材を配置できる**という、非常に柔軟なレイアウト機能が備わっています。これを利用して、スライド作成だけでなく、さまざまなビジネス文書の作成を行うことができます。

また、パワーポイントの文書ではページの入れ替えや挿入、削除が簡単にできますので、草案作成時に、全体の構成を1ページずつに箇条書きにして、内容を作成しながら構成を随時見直すような作り方をすることができます。

パワーポイントの自由なレイアウト機能は スライド以外でも活躍

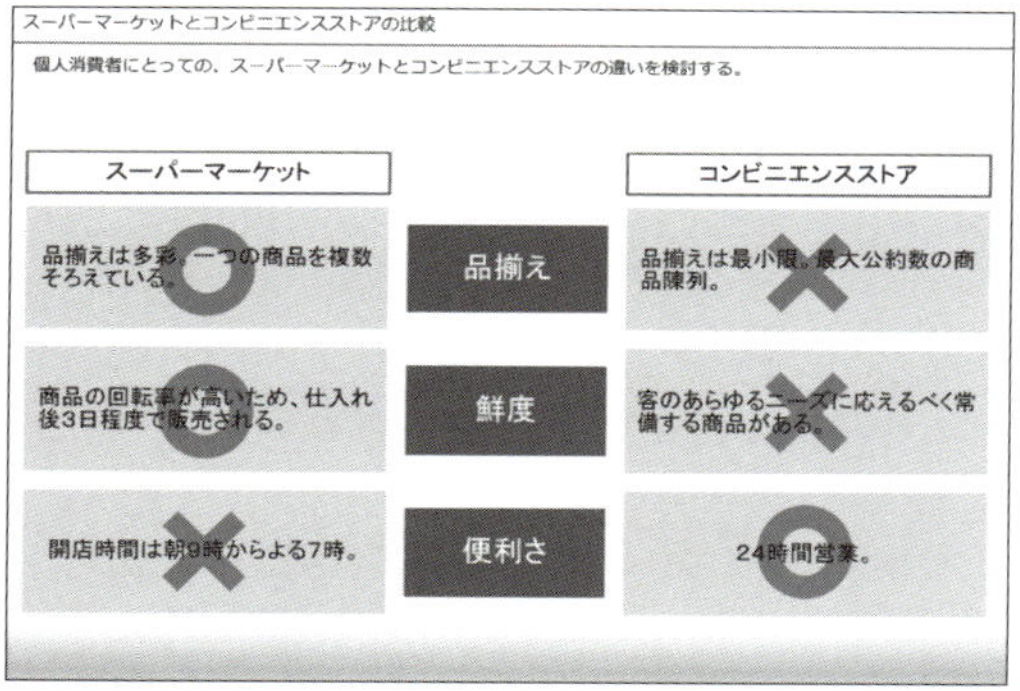

簡単に、文字や画像を重ねることができる

好きな場所に、好きなサイズの文字を配置

自由なレイアウト機能は、プレゼンテーションのスライドだけでなく、あらゆる文書作成に利用できる

1-09 文書作成のための手順を考える

参考となる文書を探すことから始める

▼作った文書は必ず社内チェックに回す

実際にビジネス文書を作成する際の手順を考えてみましょう。お客様に請求されたサンプル商品を発送する際の送付状を作るといった場合はどうでしょうか。記載しなければならない要素は意外と多く、それらをどのように配置するか考えなければなりません。しかし、配置を一から考えるよりも、流用できるものがないか類似の書類を探しましょう。この場合は、「お買い上げ商品の送付状」などがあれば、それを流用することができます。場合によっては、ほんの少し文言を変更するだけでそのまま使える可能性もあります。このように、ビジネス文書の作成では、**参考となる文書を探し出すことから始める**ことが大事です。

完成した文書をそのまま送信することは厳禁です。家族や友人への手紙とは異なり、ビジネス文書は取引先やお客様向けの書類です。1－01でも説明したとおり、時に大きな責任を伴うこともあるのです。発送の前に必ず上司や同僚のチェックを受けてください。また、あなたも同僚の文書をチェックするようにしてください。

参考となる文書を探そう

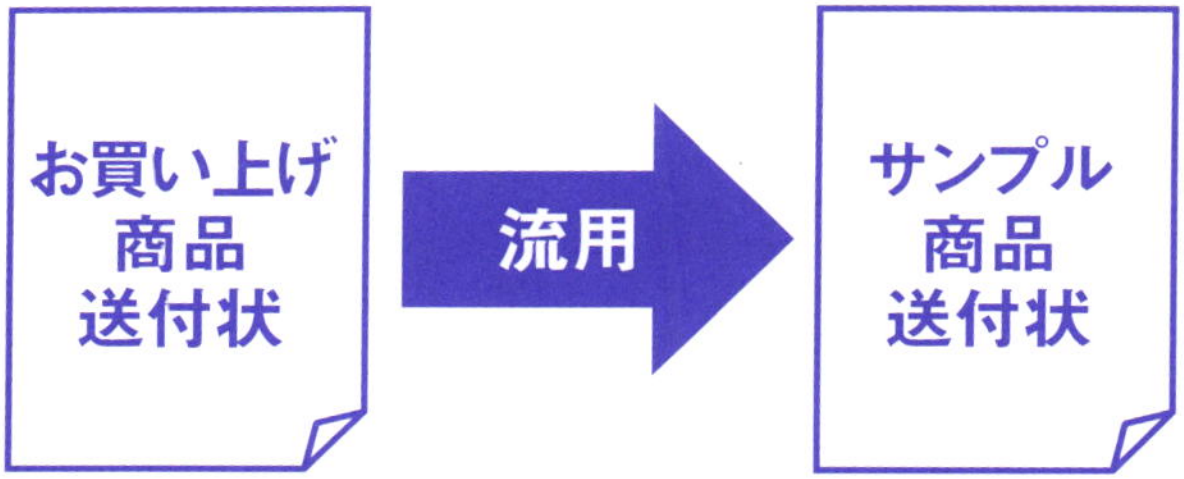

大幅な時間短縮が可能!

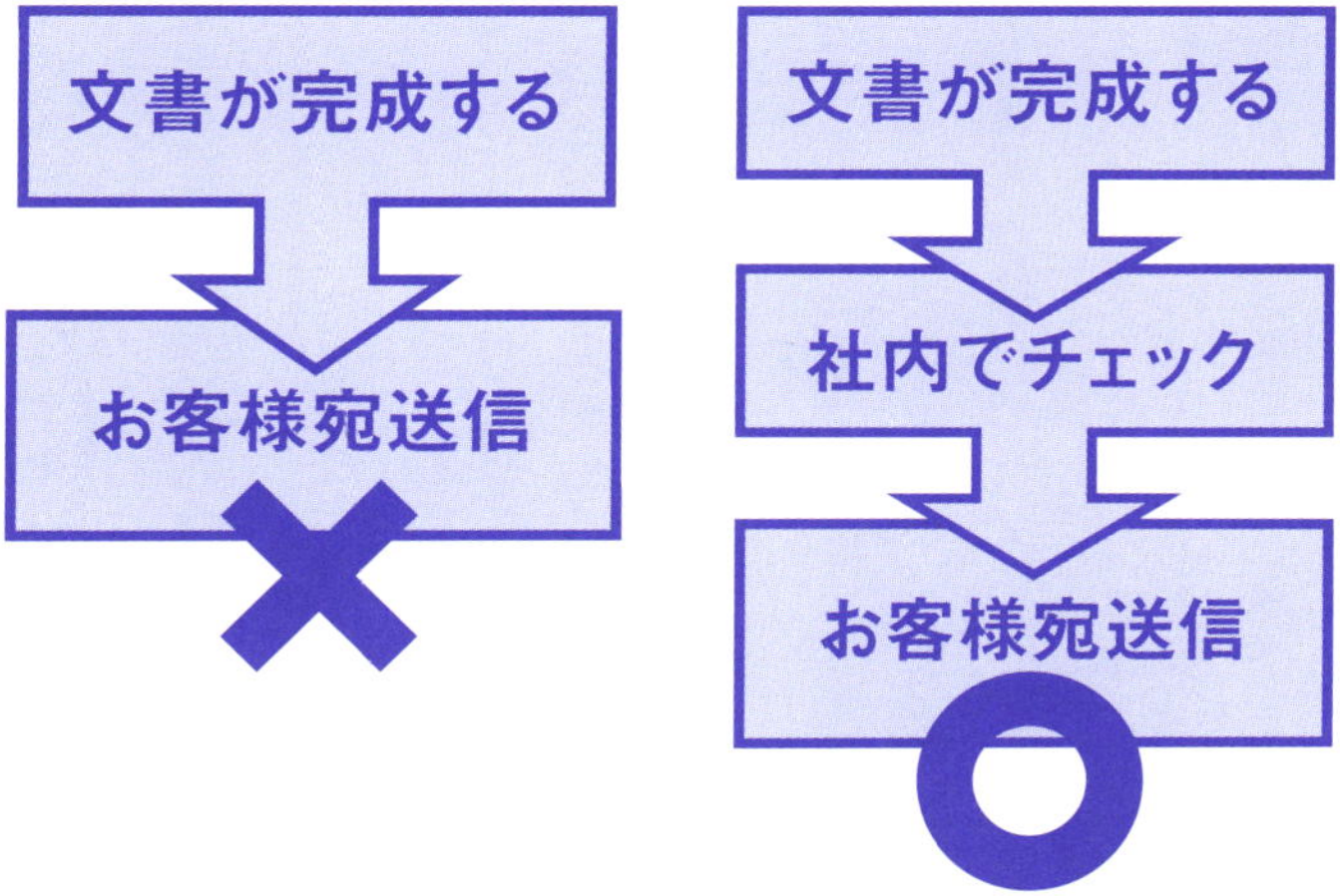

社外に出す文書は、必ず多重チェックを行う

1-10 読み手を惹きつけるために

必要なことは、読み手の立場で考えること

▼相手が欲しい情報を的確に伝える

時に、「読むつもりのない相手」に向けた文書を作成しなければならないことがあります。開封すらしてくれない相手への対処は、広告の手法なので割愛します。しかし、相手に読んでくれる意識が少しでもあれば、そのチャンスを活かさなければなりません。

読み手を惹きつける文書を書くためには、「誰に」「何を」伝えるのかを意識することが重要です。しかし、それだけではこちらの意図をすべて伝えることはできません。常に読み手が「一字一句漏らさず読もう」という姿勢で読んでいるとは限らないからです。

そこで、どんなことが書いてあれば、読み手が惹きつけられるのか、読み手の立場に立って考えてください。価格の情報が欲しいと思っている相手には、ズバリ価格表を提示します。そして、相手がその価格表で上司を説得するための、他社比較も添えるのです。これが読み手の立場に立ったビジネス文書の作成方法です。常に、**相手が何を求め、それをどう利用したいと考えているかを、相手の立場で考えてください。**

読み手の立場で考えよう

取引先の担当者は、日々送られてくる多くの文書に囲まれている
かもしれないから、時間をかけずに読めるものにしよう

読み手が何を求めているかを考えることで、魅力をアップ！

1-11

説得力のある文書を作ろう

根拠を提示する方法

▼ビジネスの現場では疑われて当たり前

ビジネス文書では、説得力が大きな力となります。友人同士の話し合いならば、自分の考えをそのまま伝えてもいいでしょう。しかし、取引先を相手に、根拠に乏しい感覚に基づいた提案を行っても説得力はありません。なぜなら、取引先は、その提案がどれほどのリスクを負うことになり、どれだけのリターンが得られるかを考えているからです。もしも、リスクゼロが保証されているならば、説得は不要です。こちらで勝手に進めてリターンだけを取引先に振り込めばいいことになります。

このように、**提案や意見に説得力を持たせるためには、根拠の提示が不可欠**です。根拠として利用できるものはさまざまです。数字に基づいた根拠は、少しだけ異なる状況の提案でも計算によって予測を行うことができます。また、実体験に基づいた根拠では、同じことをすれば同じことになるという単純な理解が可能です。さらに、「今朝の新聞にも掲載されていましたが……」のようにすでに高い説得力を持つ権威を利用することも一つの手段です。

根拠となる資料を提示しよう

信頼に足る根拠がないと、説得力に欠ける文書となる

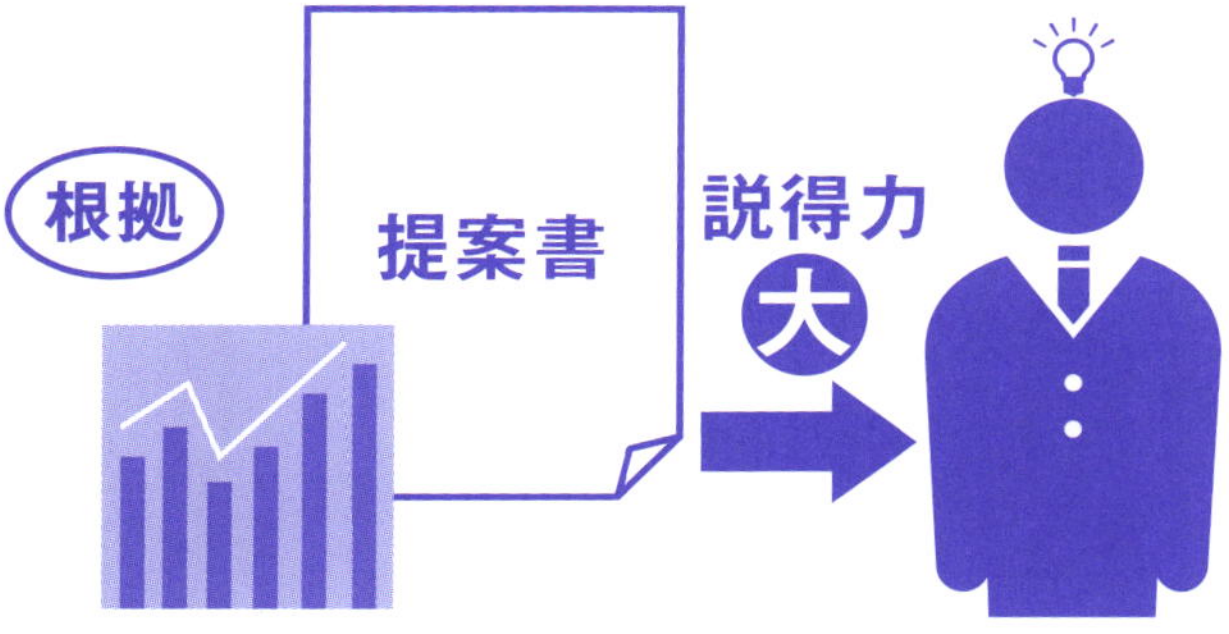

根拠となる資料をもとに作成した文書には、説得力がある!

1-12

自分専用のフォームを作って仕事の効率アップ

文書作成に時間をかけない

▼自分流の文書を作って時間を節約

第2章以降、本書では多数のビジネス文書のサンプルと、それらの根拠を示すための資料作りの方法などについて解説していきます。中には、似たようなものや、「どちらを使っても構わないのでは?」と思わせるものがあるかもしれませんが、その場合は必要な箇所を修正して、自分なりの文書を作成してください。自分の業種で必要な、自分の会社のための、自分流の文書を作成することが本書の一つの目的です。

ビジネス文書といっても、会社の数だけ、ビジネスの種類だけ文書があります。しかし、常にいつもと違う文書が求められているわけではありません。よく使う文書には共通項があるかもしれません。この共通項を整理して自分だけのフォームを作ることで、文書作成の手間を省きスピードアップできます。余った時間は、その文書の内容を充実させることに使いましょう。ビジネスの中心にはいつも文書がありますが、**文書作成だけがビジネスではない**のですから。効率を上げてスーパービジネスマンを目指してください。

文書作成に時間をかけない

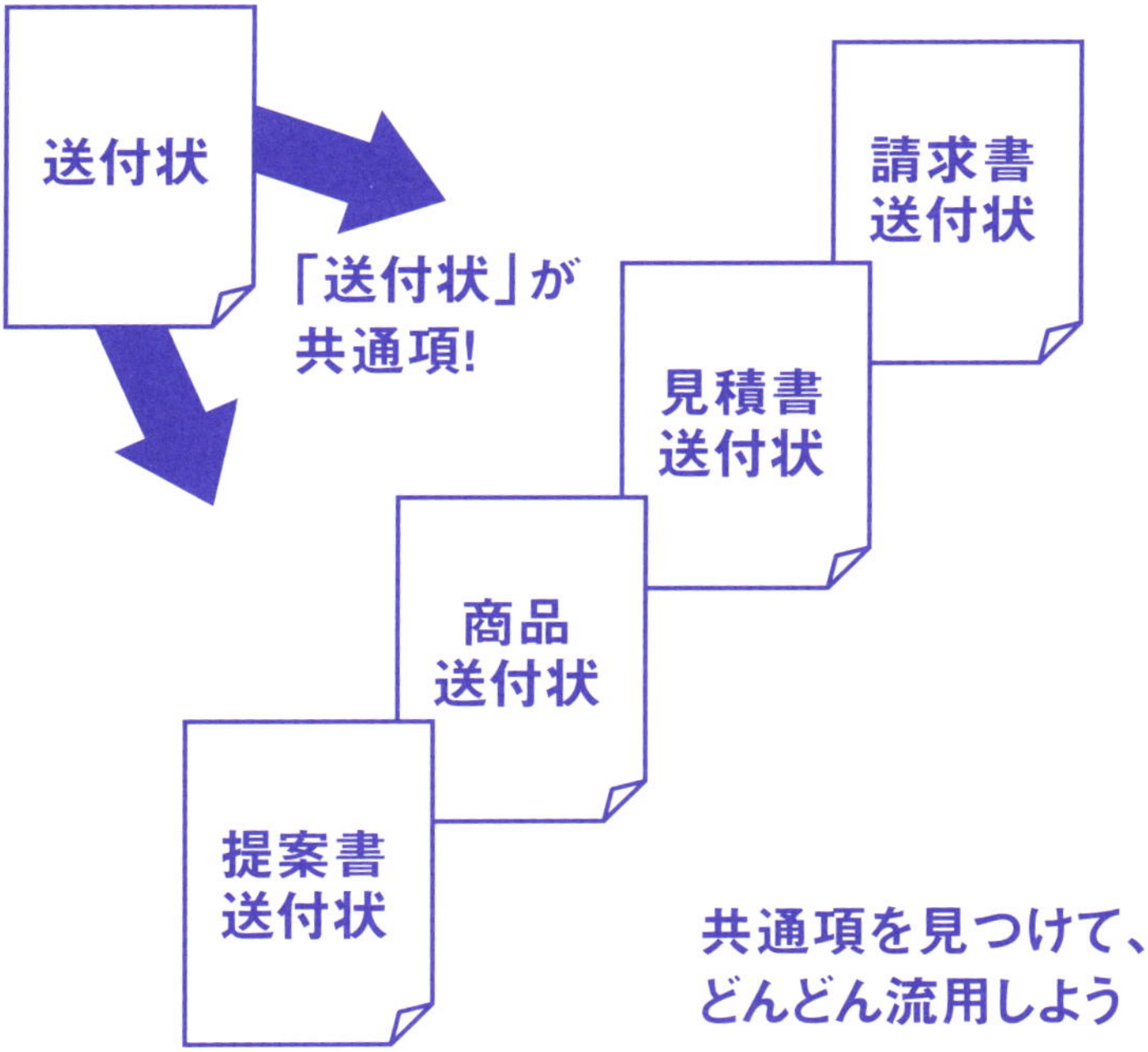

共通項を整理して、文書作成の手間を省く
余った時間で文書の内容を充実させる!

コラム

すでにはじまっている、電子契約時代

印刷された契約書に押印することなく、デジタルデータのまま契約に用いる「電子契約」が大企業を中心に浸透してきています。これは、平成13年に施行された、いわゆる「電子署名法」により、電子署名が手書きの署名や押印と同等に通用する法的基盤が整備されたことによるものです。

電子契約の最大のメリットは、印紙税の節約です。電子契約ならば印紙税は不要という法律はありませんが、周辺の法律の解釈により、結果的に電子契約には印紙税は不要ということに落ち着いています。

この印紙税は契約書の種類と契約書に記載された金額によって決まります。50億円以上の契約の場合、60万円を印紙税として納めることになりますので、大企業では契約の電子化は大きな経費節減になります。

さらに、電子化された契約書は、保管が容易というメリットもあります。紙の契約書には盗難、紛失、焼失の危険性がありますが、電子契約にはその心配がありません。また、電子化されているので、検索や閲覧にも適しているため、多数の契約を重ねながら進めていくタイプのプロジェクトで、契約漏れが発生することなども防ぐことができます。

第2章

説得力のある文書の作り方

2-01

プレゼン資料のすべてはここから始まる

企画書の顔、表紙で期待を高める

▼記載事項の確認はしっかりと行う

企画書の表紙は、プレゼンテーション資料の顔です。プレゼンテーションが始まれば、すぐに表紙はめくられ、次に続く目次や1ページ目へと対象は移っていきます。しかし、プレゼン開始前のモニターには長時間表紙が映され、クライアントの手元にも表紙が見える状態でプレゼン資料が置かれているはずです。表紙は、**これから始まるプレゼンテーションへの期待感の醸成を担う大切なページ**なのです。

表紙に必要な要素は、プレゼンテーション先のクライアント名です。慣れてきた頃に使い回しの元データのまま、別の社名になっていたというミスを耳にしたことがありますので、注意してください。次に、プレゼンテーションタイトルを記載します。そして、その下にプレゼンテーションの概略を記載しましょう。

最後に忘れてはいけないのは日付です。プレゼンテーション資料は、数多くの更新を重ねて育っていく文書です。古い資料が混在しないように日付を細かく更新してください。

表紙は、企画書の顔

誤った情報が記載されていないか、しっかりと確認をする

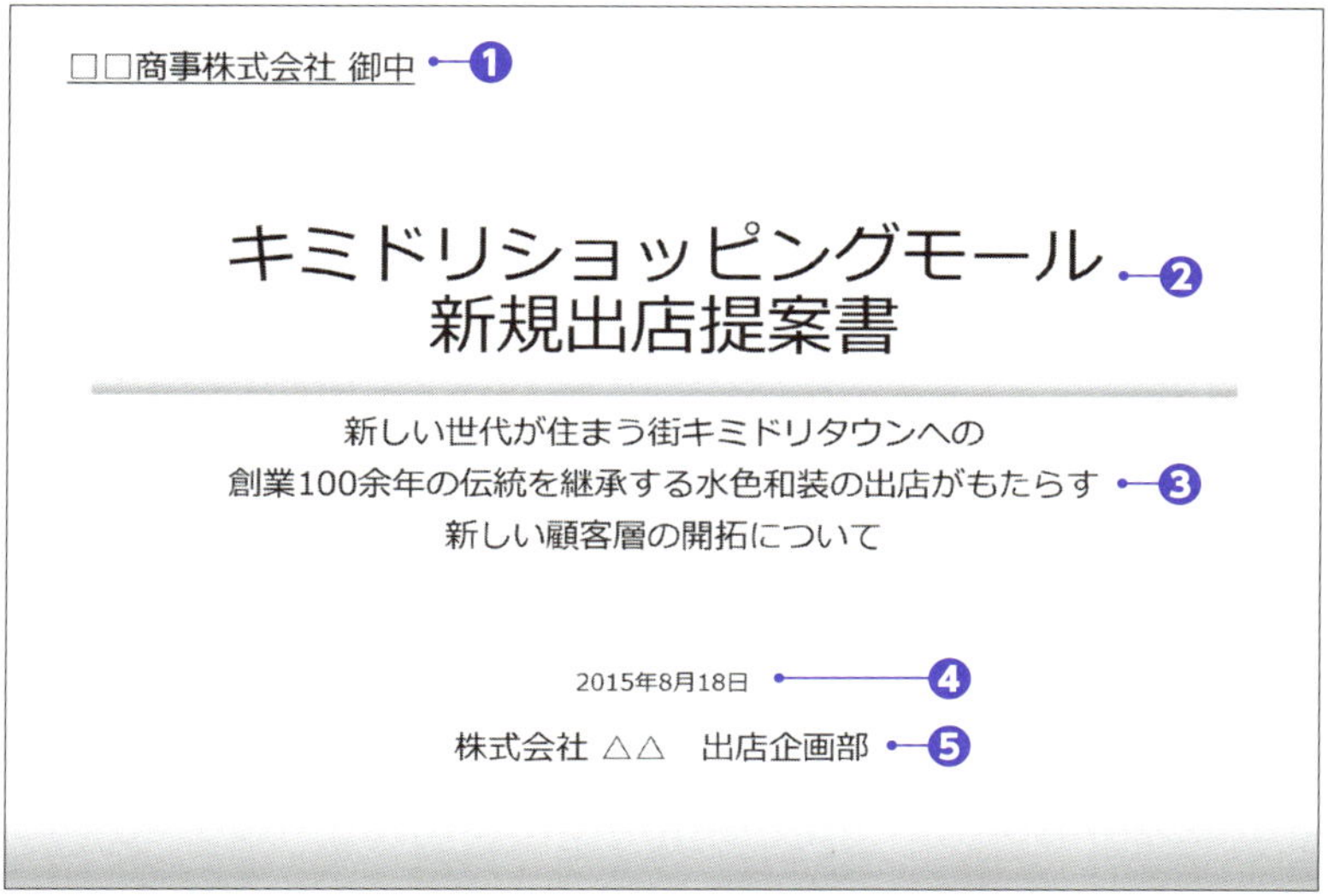
□□商事株式会社 御中
❶
キミドリショッピングモール
新規出店提案書
❷
新しい世代が住まう街キミドリタウンへの
創業100余年の伝統を継承する水色和装の出店がもたらす
新しい顧客層の開拓について
❸
2015年8月18日
❹
株式会社 △△　出店企画部
❺

表紙作成時の注意点

❶提出先の社名や部署名などを記載する
❷プレゼンテーションのタイトルや提案名を記載する
❸概略を記載する
❹日付を記載する
❺提案者の社名や部署名を記載する

2-02

目次は全体の構成がわかるように作ろう

アジェンダ提起のための目次

▼資料の全体像をつかみやすい目次作りのために

目次は、プレゼンテーション資料の全体像をつかむための大事な要素です。これから行われるプレゼンテーションの大まかな構成を知ることで、聞き手の理解は促進されます。また、聞き手が質問などを行う際に、どの項目がどこに記されていたかが明確であれば、質疑応答もスムーズに行われるでしょう。**目次はアジェンダ（議題）を提起することを目的に作成**しましょう。

だからといって、目次に多くを詰め込んではいけません。目次の読み上げだけで多くの時間を消費してしまうことは、プレゼンテーションにとってマイナスです。また、先々の内容が目次でわかってしまうと、演出の効果も薄れてしまうかもしれません。

また、後から見返すときのためにページ番号は忘れずに付けるようにしてください。目次項目が多い場合でも、文字を小さくしたり、段組を取り入れたりすることで少ないページ数で表現することを心がけてください。

アジェンダ（議題）の提起ができる目次を作る

詰め込みすぎず、プレゼンテーションの大まかな構成が伝わるような目次が望ましい

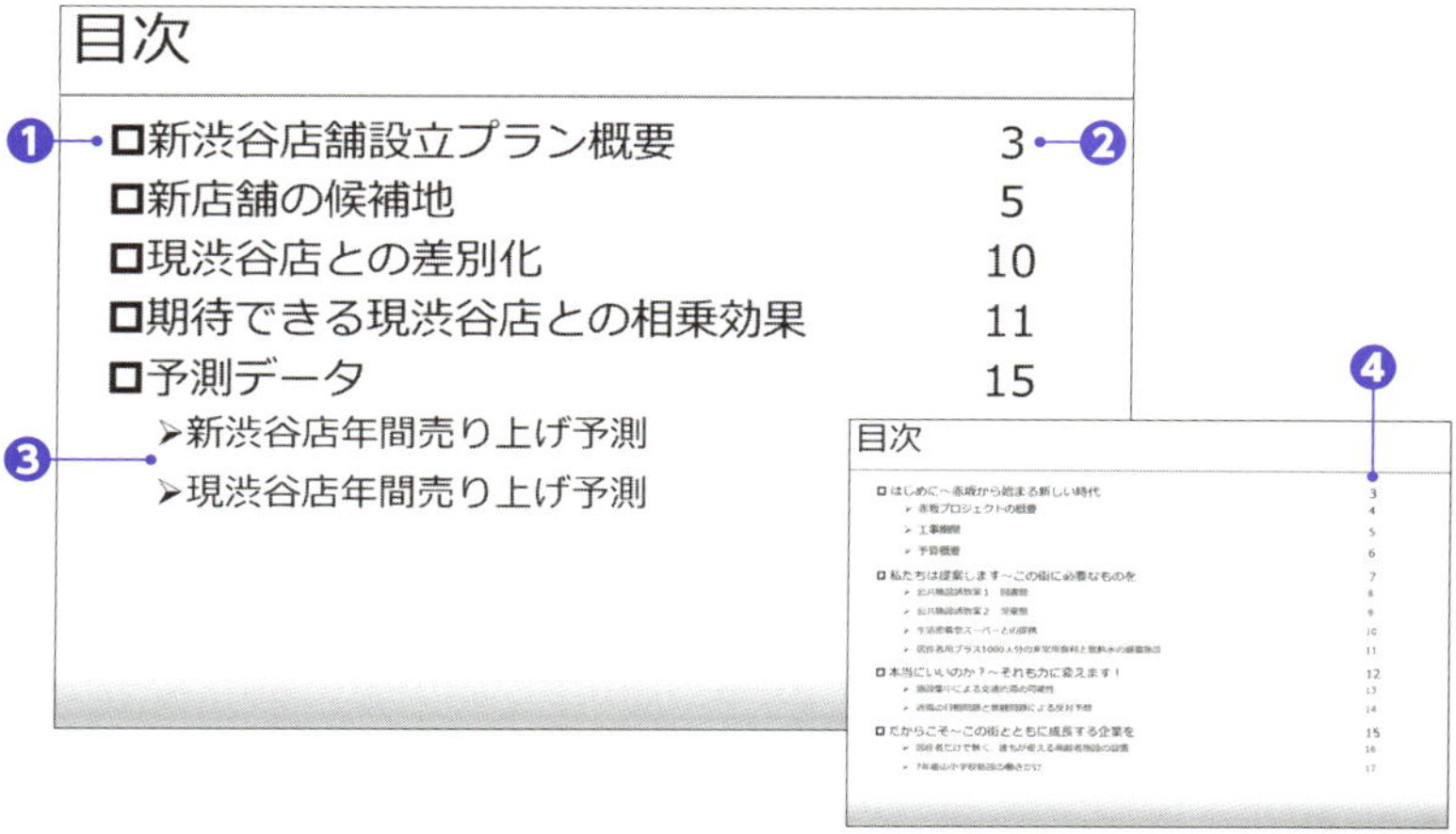

目次作成時の注意点

❶大まかな構成が把握できるような見出しとする

❷ページ番号を記載する

❸項目が複数のページにわたる場合は、それぞれを記載してもいいが、あまり細かい内容を記入しすぎると、演出の効果が薄れてしまうこともあるので注意

❹項目が多い場合も、文字サイズや段組を利用してなるべく1ページに収める

2-03 作業などの手順を図にしよう

フロー解説図で作業を手順ごとに解説

▼作業の流れを順に解説する

企画書や提案書の中で、もっとも重要な要素が手順や流れの解説です。企画の目指す**ゴール地点までの流れを明確にすることで、提案者の意図を確実に伝えることができます**。これは、企画書が提案者の訴求したい結論に至る過程を、各論の積み重ねで解説していくのに対して、流れ解説という断面図で説明することができるからです。

流れ解説のスライドは、大まかな流れを示すことのみを行います。解説される項目が多少抽象的なものでも構いません。次ページ以降で行われる詳細の説明中に、全体のどの部分についての説明しているのかを見失わせないための目次なのです。

任意のページから読むことのできる配布資料の場合には、それぞれの流れに対応する詳細説明が、どこで行われているかを示すために参照ページ番号を付与するのも一つの手です。プレゼンテーションの場合には、この後のスライドへの興味を喚起するために疑問を投げかけるような構成にすることが有効です。

フロー解説図で作業の流れを順に解説する

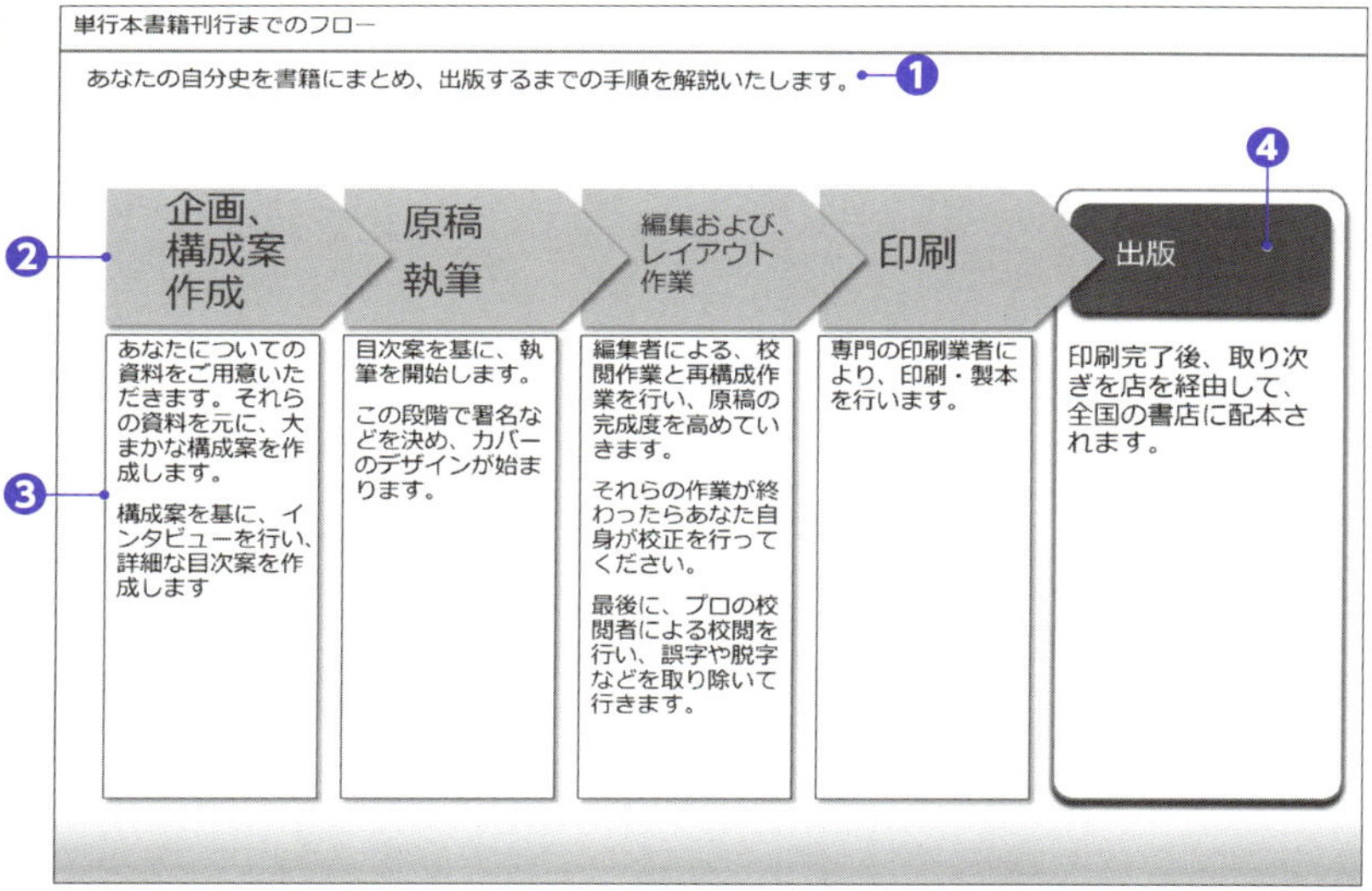

フロー解説図作成の注意点

❶解説する手順が、何から何までなのか明確にする

❷それぞれの手順を最も簡潔な言葉でまとめる

❸手順の詳細な内容を記入する。具体的に何を行う箇所なのか、相手に何をさせたいのか明確にする

❹ゴール地点を設定する
何をもってゴールとするのか明確にする

2-04

プロジェクトの進行を管理しよう

ガントチャートでスケジュールを一覧

▼プロジェクトの進捗を可視化

多数の工程からなるプロジェクトの管理は、ガントチャートと呼ばれる棒グラフで行いましょう。プロジェクトの工程を縦に並べて、横軸には日付を入れます。それぞれの工程がいつからいつまでの期間を必要とするかを、バナーと呼ばれる棒グラフで記入しましょう。

このガントチャートを使えば、作業の繁忙を視覚化できますので、適切な人員配置の検討がしやすくなります。また、Aの作業が終わらないと始められないBの作業のような組み合わせが逆になってしまうことも避けられます。

日々、**ガントチャートによる工程表と実際の作業状況を確認することで、プロジェクトの進捗状況が一目でわかります。**また、遅れている工程に余っている人員を重点的に投入するなどの対策を講じることができます。

ガントチャートによる工程表作成のポイントは、無理なスケジュールを詰め込まないことです。余裕を持ったスケジュール作成を心がけてください。

ガントチャートを用いた工程表の例

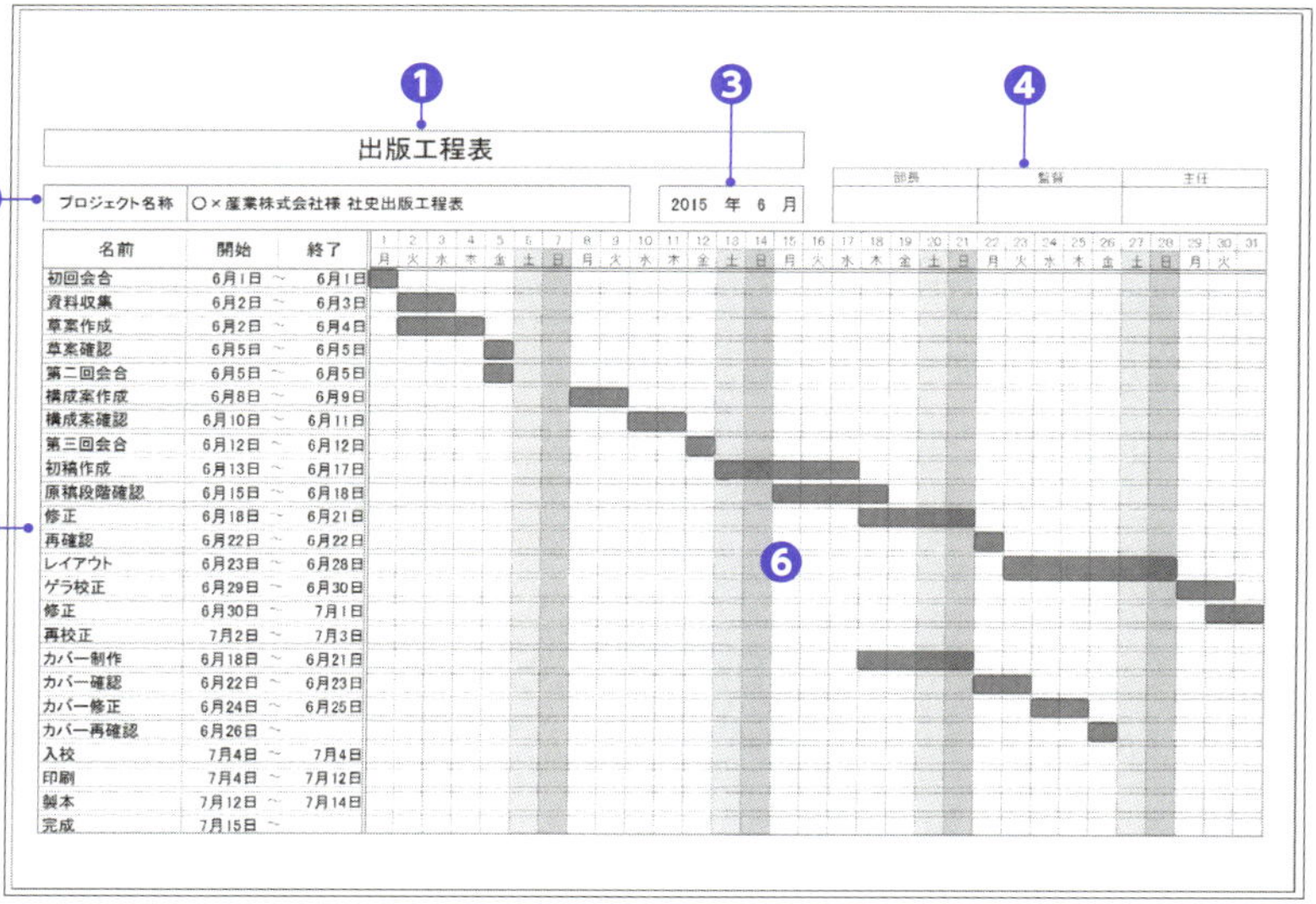

工程表作成の方法

❶どんな作業の工程表であるか明確にする

❷わかりやすいプロジェクト名称を付ける

❸作業期間を入れる

❹印刷後、各担当者の確認の捺印を行う

❺期限を示したい項目と開始日・終了日を入力する

❻開始日・終了日に合わせてバナーを貼る

2-05

複数の要素で結論やテーマを表そう

要素の連鎖と結合を示して結論を導く

▼複数の要素の積み重ねで説明する

ある結論やテーマを図として表現したいときには、複数の要素を用意し、根拠として利用すると説得力が生まれます。

手順や順序などを追って、最終的な結論を導きたいときには、要素の連鎖を表すとよいでしょう。各段階にあたる要素を用意し、時間の流れに沿って要素を順番に並べ、最終的な結論を最後に配置します。通常、時系列に沿って右に向かって配置していきます。

全体のテーマを説明したいときに、テーマに含まれている内容に上下関係や包括関係がある場合は、要素を積み重ねて説明します。最上部には、全体を表すテーマを配置します。

このように結論がわかっているのではなく、逆に、図として表現したい要素だけがたくさんある場合もあるでしょう。その場合は、まずそれぞれの要素の関係性を考えてみると、図にまとめやすくなります。各要素は時系列に並べられるのか、それともある要素の一部になっているのか。**図に表そうとする過程は、考え方を整理する過程でもある**のです。

要素の連鎖を示して解説

手順や順序などを追いながら、最終的な結論を導く

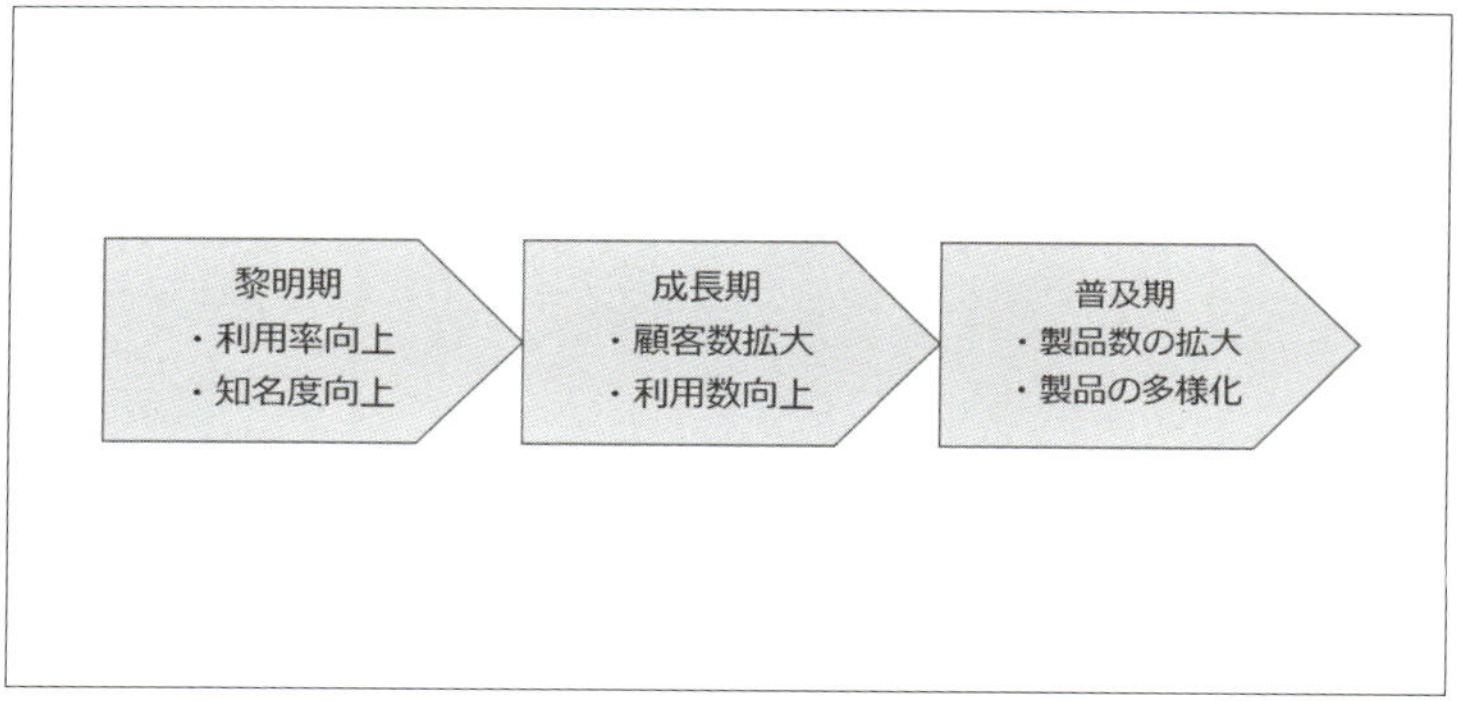

要素を積み重ねて解説

上下関係や包括関係のある要素から、テーマを説明する

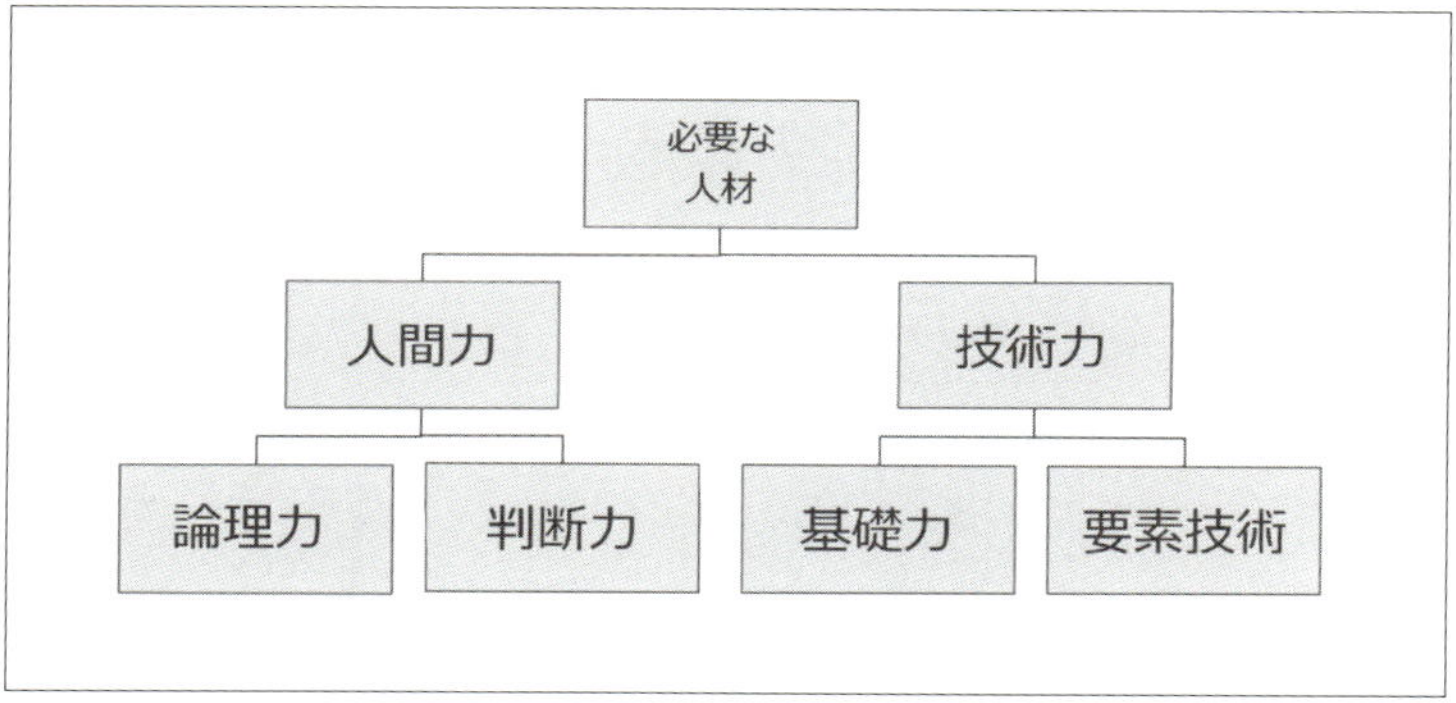

2-06

複数の根拠や対比で説得力を持たせよう

複合要素比較と対立要素比較でテーマに説得力を与える

▼要素の並び方で特徴を際立たせる

ある結論やテーマを表す図に、より説得力を与えるには、複合要素比較や対立要素比較が役に立ちます。複合要素比較とは、いくつかの要素を用意し、さらにその要素に当てはまる内容を別枠として記載する方法です。当てはまる内容には、具体的な事例や、詳細な説明を記載します。また、いくつもある要素を大きくグルーピングするときにも使えます。例にあるように、導入による効果を3つにまとめ、それぞれの内容を細かく列挙することなどに使えます。

対立要素比較とは、2つの対立する結論やテーマを並べ、それを比較することで、それぞれの特徴を際立たせる方法です。それぞれの結論やテーマに対して、共通する軸を用意し、そこに当てはまる要素を用意することが必要になります。そもそも対立する結論やテーマの粒度が異なっていたり、関連性が薄い、対立度が低いなどの場合には、この手法は適していません。左ページの例では「居住地」というくくりで比較していますが、これが「東京」「マンション」では種類が異なるし、「日本」「東京」でも粒度が異なるため、成り立ちません。

複合要素比較による解説

要素の内容を別枠で記載して、それぞれの特徴を訴求する

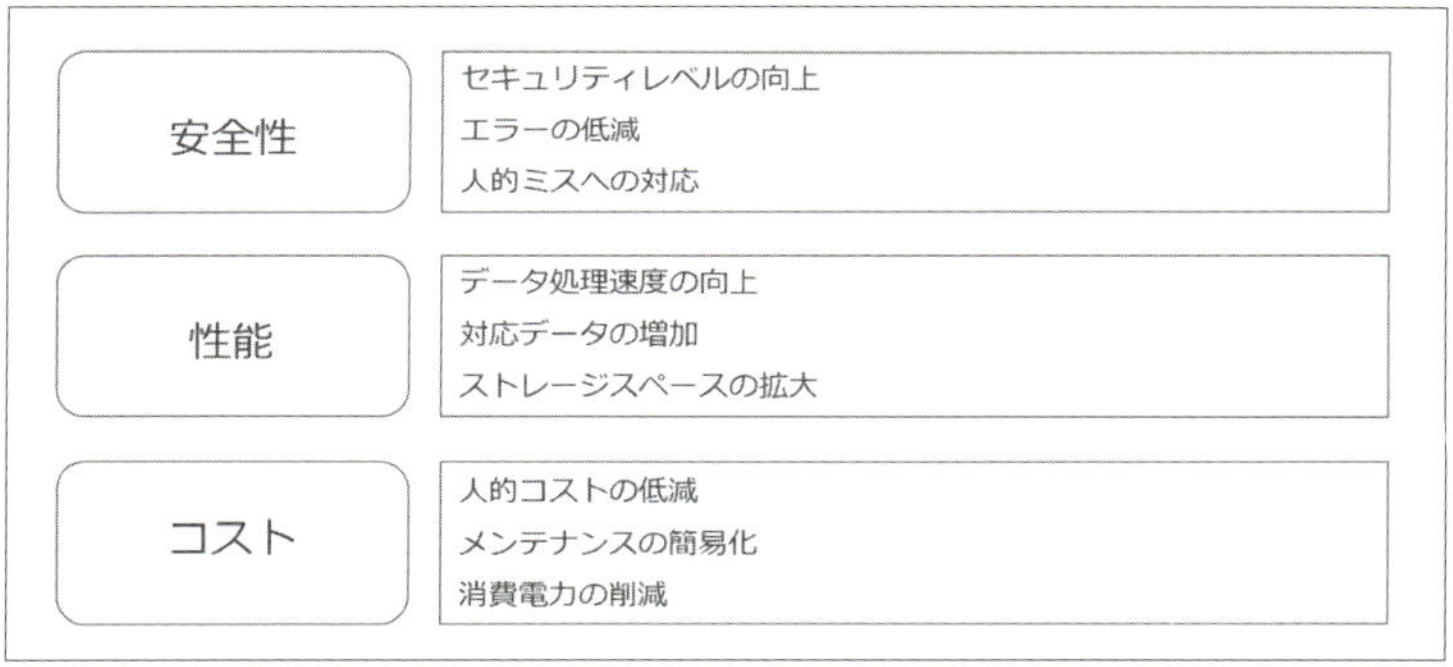

安全性	セキュリティレベルの向上 エラーの低減 人的ミスへの対応
性能	データ処理速度の向上 対応データの増加 ストレージスペースの拡大
コスト	人的コストの低減 メンテナンスの簡易化 消費電力の削減

対立要素比較による解説

2 つの対立する結論やテーマの比較で、それぞれの特徴を訴求する

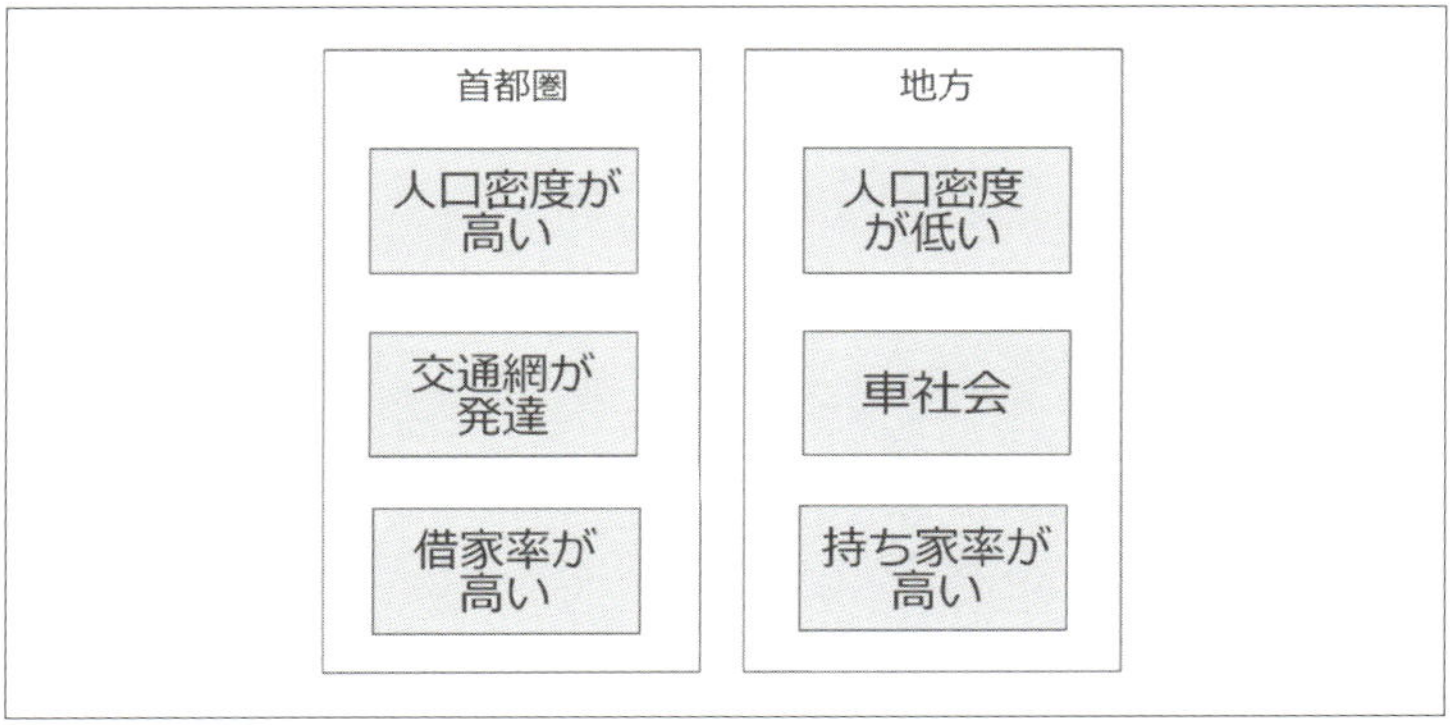

2-07

要素の循環関係を説明しよう

循環図を使ってサイクルを説明する

▼複数の要素の循環を図で説明

時系列や順序に沿って進んだ結果、最終的な結論にたどり着くのではなく、再び最初の要素にその結果がフィードバックされる場合は、循環図を利用します。各要素が1回だけ実行されるだけではだめで、その**循環（サイクル）がきちんと回ることによって結果が得られるような事象を説明するときに使います**。

循環図を使う例としては、最近ビジネスの世界でよく使われる「ＰＤＣＡサイクル（計画↓実行↓評価↓改善を繰り返し、業務の改善を図る手法）」がわかりやすいでしょう。また、再生資源を活かす循環型社会の説明図などにも適しています。

循環図は、各要素を円や楕円上に配置して矢印で結びます。この場合、循環の順番の最初にあたる要素は、上部に配置するのが普通です。また、循環であっても、比較的最初と最後がはっきりしている場合は、要素を一列に並べる形式を使うこともできます。最後から最初に矢印をつなげることで、循環であることを表します。

循環関係にある要素を説明する方法

時系列や順序に沿って進んだ結果、最終的な結論にたどり着くのではなく、再び最初の要素にその結果がフィードバックされる場合は、循環図を利用する

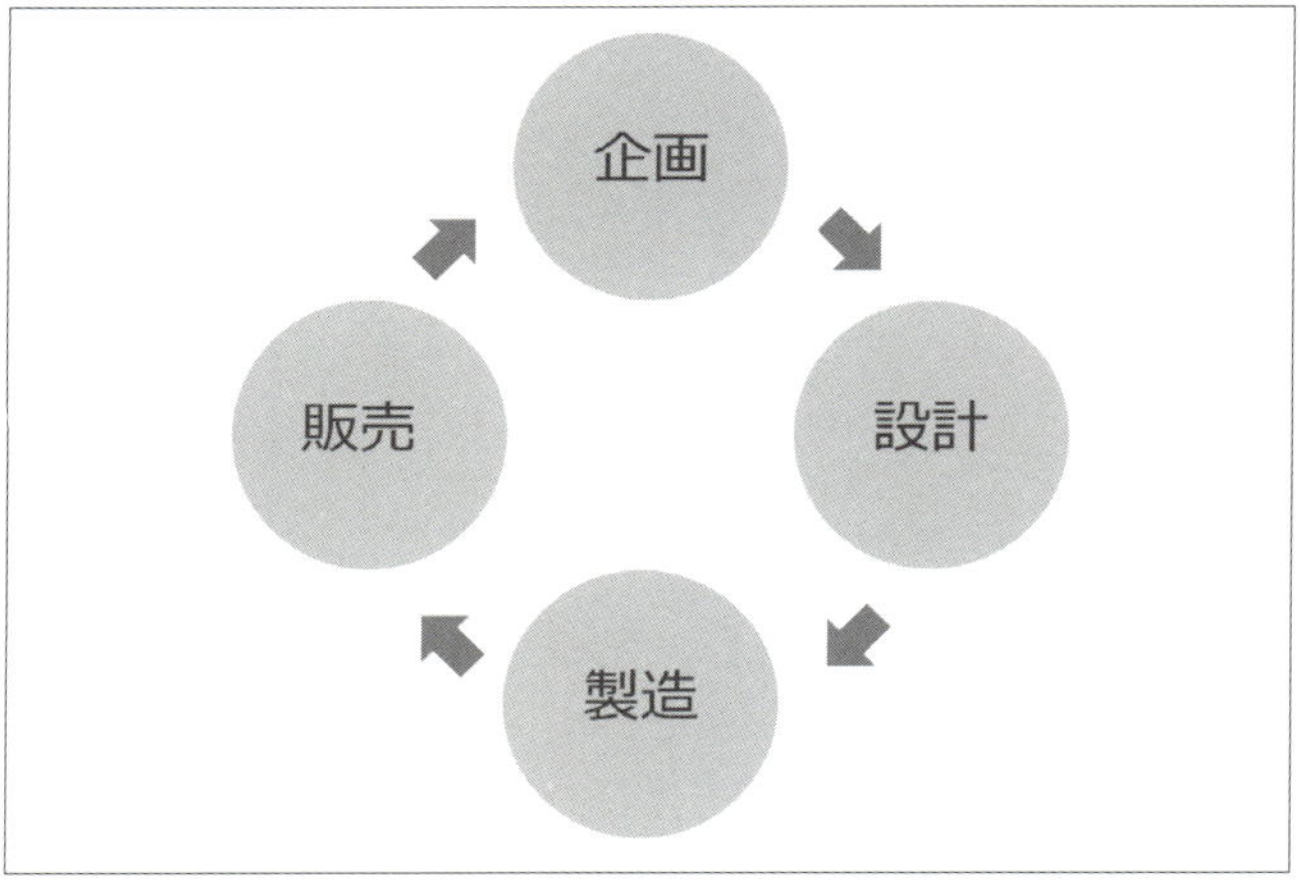

循環図の特徴

- 各要素は1回だけ実行されるのではなく循環する
- 各要素は矢印で結ばれ、常に一定方向に進行する
- 循環の最初の項目がはっきりしている場合は、上部に配置する
- 循環であっても、比較的最初と最後がはっきりしている場合は、要素を一列に並べる形式を使い、最初と最後を矢印でつなげて循環関係を表す

2-08

複数の項目が複雑に関係していることを解説する

相関図で複数の要素の関係性を可視化

▼要素の配置場所に注意して作成する

要素同士の関係性を説明したいときには、相関図を使います。要素を画面上に配置し、関係のある要素同士を矢印や線で結びます。位置的に近いものは関係性が強く、遠いものほど関係性が薄いことを表すことができます。

相関図は、テレビドラマの人間関係図や、企業や国同士の協定関係を表すのに使います。 言葉にすると複雑な関係でも、図にすれば一目瞭然です。

相関図を作る際には、はじめに配置する要素を揃えておくとよいでしょう。全体のスペースに対して各要素の大きさが適切かどうかを確認しておくと、あとから困りません。中心となる要素があるときは、画面の中心に置き、放射状に他の要素を配置していくと作りやすいでしょう。また、要素をグルーピングしたいときは、色分けして表すといいでしょう。

なお、要素が多いほど、画面上も複雑になっていきます。結局、どんな関係性なのかわからなくならないように、適当な数にとどめておくのもおすすめです。

複数の項目の相関関係を説明する方法

要素同士の関係性を可視化して説明するときには相関図を使う

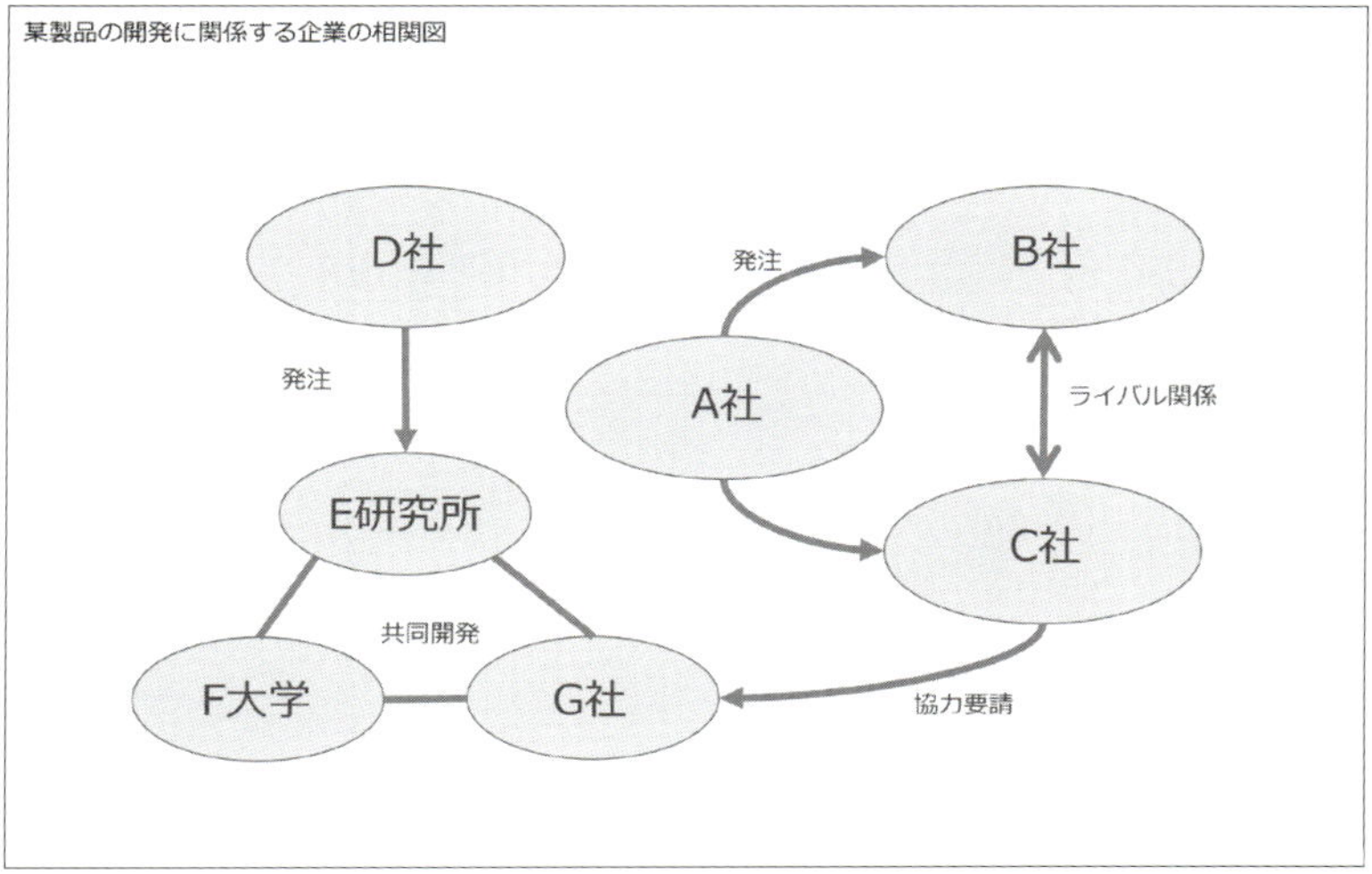

相関図の作り方

❶配置する要素を揃える
❷中心となる要素を中央に置く
❸中心の要素から放射線状に各要素を配置する
❹要素の関係を矢印と関係を表す言葉で結ぶ
❺色分けなどで要素のグルーピングを行う

2-09

2つの要素の相違点を比較しよう

比較図を用いた相違点の訴求

▼比べたい項目だけを直接比較

比較図を用いると、グループAとグループBの似ているところと、異なるところを要素別に比較して訴求することができます。例えば、スーパーマーケットとコンビニエンスストアを比較した場合、比較項目として「品揃え」「鮮度」「便利さ」のように任意の項目をそれぞれ比較して、その違いを明確に訴求することができます。この手法を用いることで、**アピールしたい対象の特徴を際立たせる**ことができます。

スライドの左右にアピール対象とその仮ライバルとなる対象を並べて、特に訴求したい項目について「比較項目」として中心に記載します。比較項目の左右には、それぞれの特徴を簡潔に記載します。さらに比較結果の優劣を明確にするために「○×」などを配置することも有効です。

ただし、あまりにも必然性のない比較項目を採用すると、恣意的な表現が過ぎると取られかねないので、注意が必要です。

比較図で比べたい項目を直接比較

比較したい要素を左右に並べて直接比較することで、アピールしたい要素の優位点を訴求できる

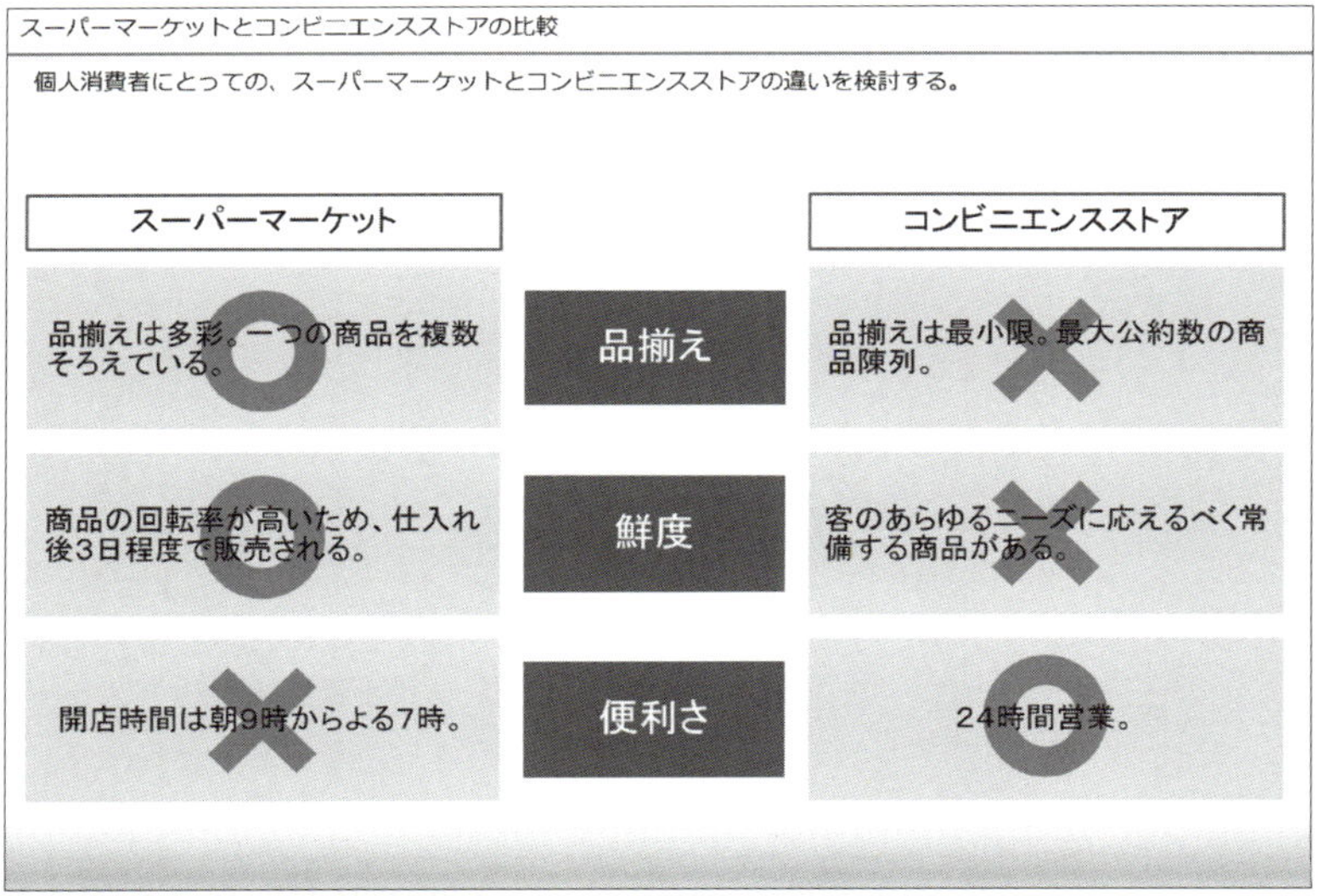

比較図の特徴

- 比べたい項目だけを選んで直接比較できる
- 項目ごとに優劣を明確にできる
- やり過ぎると恣意的な表現と取られかねないので注意が必要

2-10

複数の要素の共通点を表現しよう

ベン図を用いた共通要素の訴求

異なる要素やグループの中の共通点を可視化

複数の要素に、共通する部分があることをわかりやすく図式化するときには、ベン図を使うとよいでしょう。ベン図はそれぞれの要素を円で表し、重なり合う部分を共通部分として表現します。もともと英国の数学者ジョン・ベンが集合を表すために考案した図式化の形式で、その名前も考案者からつけられています。今では、数学の集合だけでなく、概念などの数値化できない内容にも使われるようになりました。

ベン図では、例えば、Ａに属する集団とＢに属する集団、ＡＢ両方に属する集団を表すことができます。要素(円)を3つにすれば、ＡとＢとＣ、ＡＢ、ＢＣ、ＡＣ、ＡＢＣの7種類のパターンを表すことができます。

共通する部分を強調するには、重なり合う部分を濃い色で塗りつぶすなどすると、目立つようになります。**ベン図で表すのに適している要素の数は3つくらいまで**で、それ以上になると見づらくなってしまいます。

ベン図を用いて、異なる要素の共通点を可視化

**複数の要素に、共通する部分があることを図式化するには
複数の円を重ねて表現するベン図が有効**

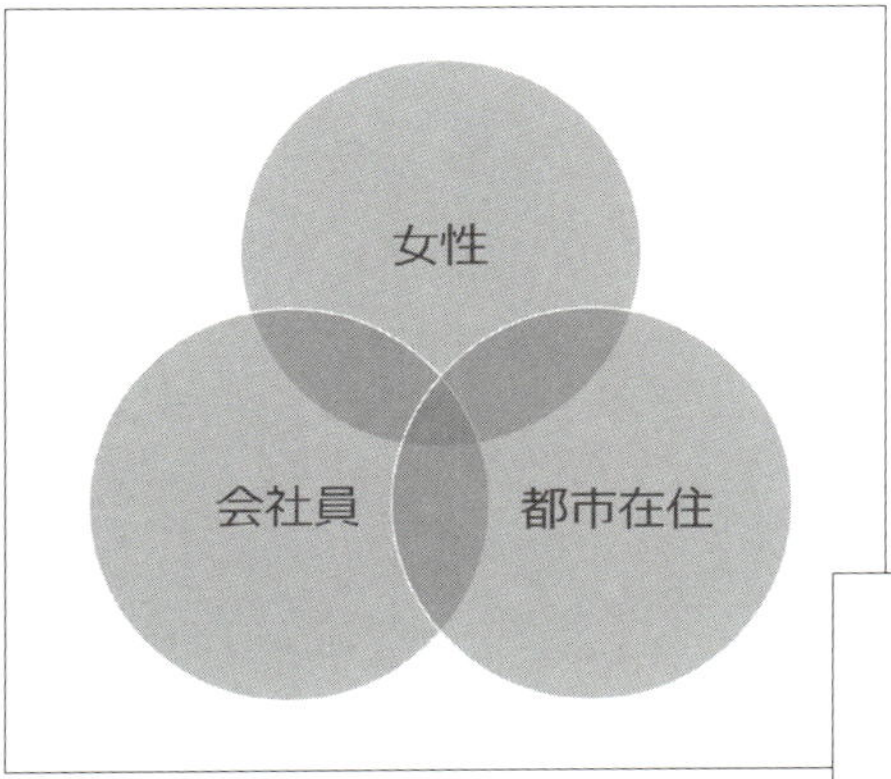

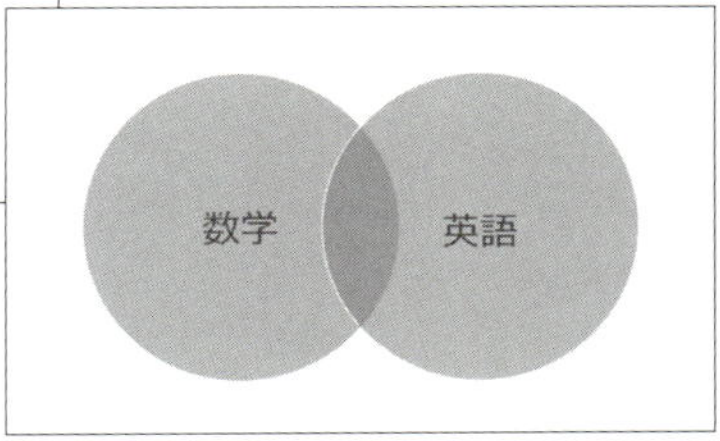

ベン図の特徴

- 集団を表す円を重ねることでそれぞれの集団にだけ属する要素、両方の集団に属する要素、どちらにも属さない要素を表現
- 数値化できない概念のようなものでも共通点を表せる
- 円を増やすことでさらに多くの要素のグループを表現できる
- 4つ以上の集団の関係を表すと見づらくなるので注意する

2-11

縦割り組織の構成を説明する

トップダウン命令系統の組織を表す組織図

▼縦割り組織の組織構成を可視化

一般的な組織は、上位から下位へと指示が伝達されるトップダウンの命令系統によって成り立っています。縦型組織図は、そのようなトップダウンの組織構成を表すのに向いています。縦型組織図では、各セクションや役割を枠で囲み、直接指示の授受関係があるものを線で結びます。指示系統の上位にあるものが、図でも上の位置に配置されます。**企業や運営委員会、学校、団体など、組織であればほぼこの組織図で表すことができる**でしょう。

あるセクションの下位にあたるセクションの数が多い場合、配置するスペースが不足してしまう可能性があります。そのときは、枠の大きさを小さくすると無理なく配置できます。なお、同じ階層にあるセクションの数が多い場合は、縦型組織図ではなく、2－12で説明する並列組織図を使用するとよいでしょう。

縦型組織図と並列組織図は、混在して使うこともできます。左ページでは、下の図の一番下位の層は、並列組織図の形式を使用しています。

縦型組織図の例

縦型組織図は、トップダウンの組織構成を表すのに向いている

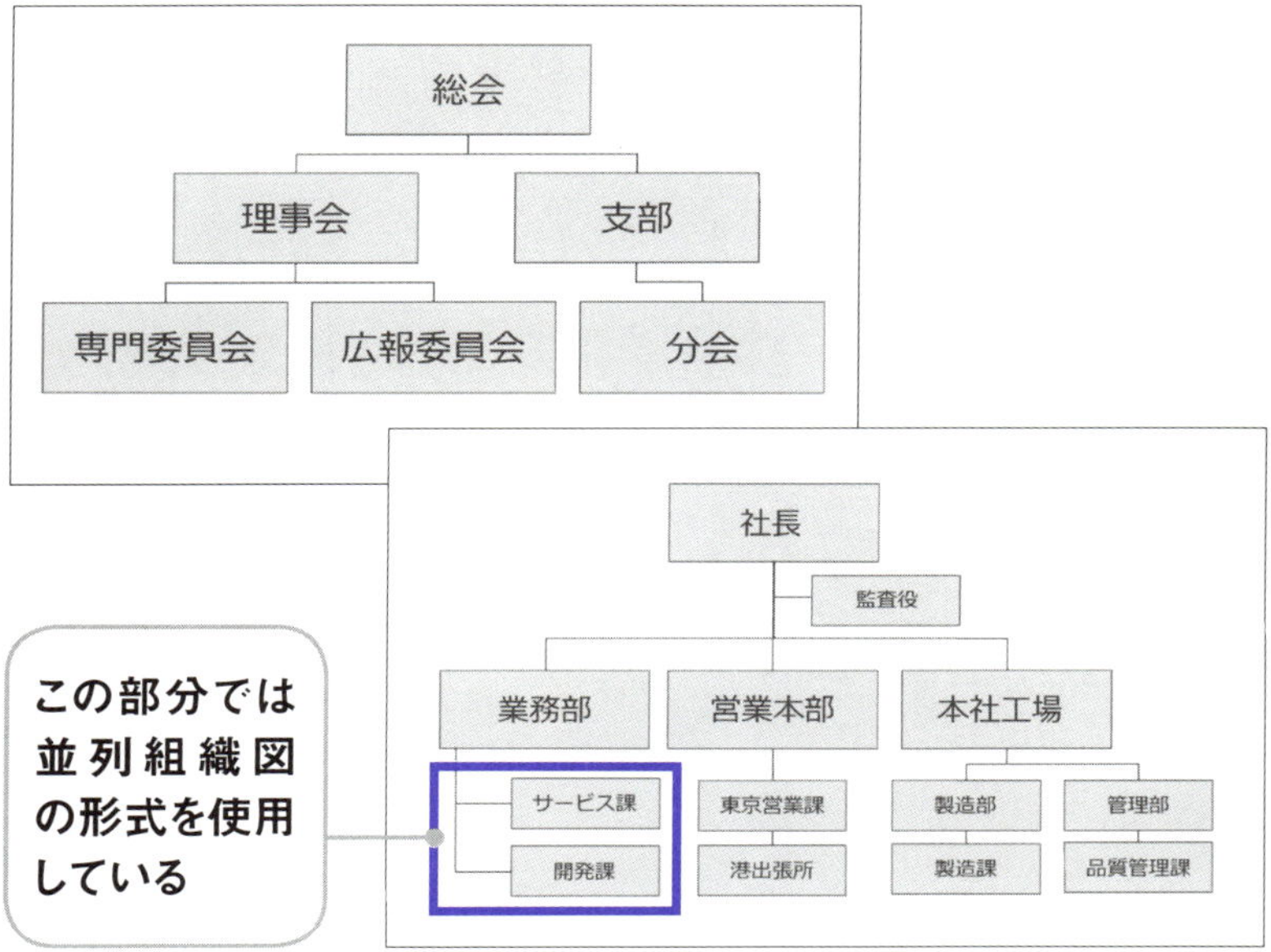

縦型組織図の特徴

- 企業や学校、団体などのような組織構成を表すのに向いている
- 下位のセクションの数が多い場合は枠を小さくして調整する
- 同階層のセクション数が多い場合には、2-12の「並列組織の構成」を利用する

2-12

並列組織の構成を説明する

同じ階層のセクションが多い場合の組織図

▼構成要素が多い場合などに向いた組織図の書き方

2－11の縦型組織図と同様に、組織構成を表すための図です。各セクションや役割を枠で囲み、指示の授受関係があるもの同士を線で結ぶという表し方は同様ですが、並列組織図の場合、左側が指示系統の上位に当たります。縦型組織図に比べ、同じ階層にあるセクションの数が多い場合にも配置しやすいという特徴があります。

例えば、企業の組織図でも多くの支店がある場合や、**所属する個人名をすべて表示する名簿のような場合は、この並列組織図が向いています**。また、文字が横書きになるため、各セクションを英字で表す場合にも、収まりがよくなります。

なお、この組織図を作る場合、含まれるセクションの数が最も多い階層から配置していくとよいでしょう。どれくらいのスペースが必要なのかが把握できるので、枠の大きさを決めやすくなります。トップから順に配置していくと、全体サイズがわからないため、最後の階層まで作ってから、スペースに収まらなくなったことに気付く可能性があります。

並列組織図の例

並列組織図は、同じ階層のセクションが多い場合の組織構成を表すのに向いている

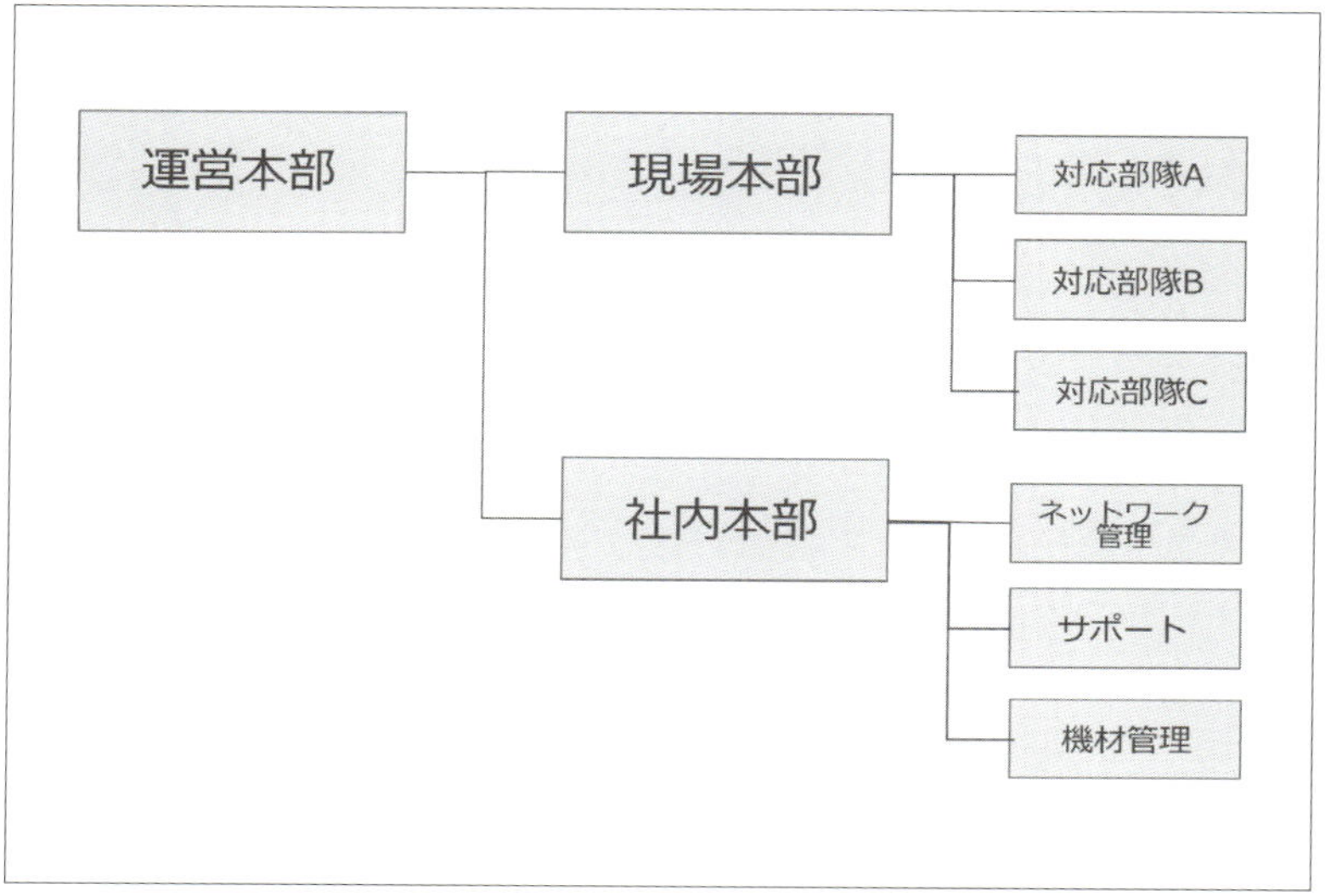

並列組織図の特徴

- 左側が上位の階層となる
- 横書き名称の同階層セクション数が多いときに向いている
- 含まれるセクション数が最大の階層から配置するとスペースを有効に使いやすい

2-13

階層で構成される関係を説明する

階層状の構造を表現する階層構成図

▼上層から下層への支配構造を表す

階層状になっている構造を表現するための図です。各要素を枠で囲み、直接関係のあるもの同士を線で結びます。階層構造の上位にある要素は、図でも上の位置に配置します。なお、直下・直上の階層にないもの（線が結ばれていないもの）は、直接影響を受けるなどの関係はありません。しかし、間接的には影響が及んでいきます。上位の層にある要素に問題が起こったとしたら、その下位にある要素のすべてに、何らかの問題が起こる可能性があるということになります。

2－11で説明した縦型組織図と形式としては同じで、**実際に存在する組織だけでなく、概念など実態のないものにも使うことができます。**

この階層構造で表現できるものとしては、例えばインターネットのドメインネームシステム（DNS）などがあります。DNSは、すぐ配下のサーバーの所在しか管理しておらず、最上位から順番に問い合わせを行っていくことで全体が成り立っています。

階層状の構造を表現する階層構成図

**階層状になっている構造を表現するための図。
各要素と直接関係にあるものを線で結ぶ**

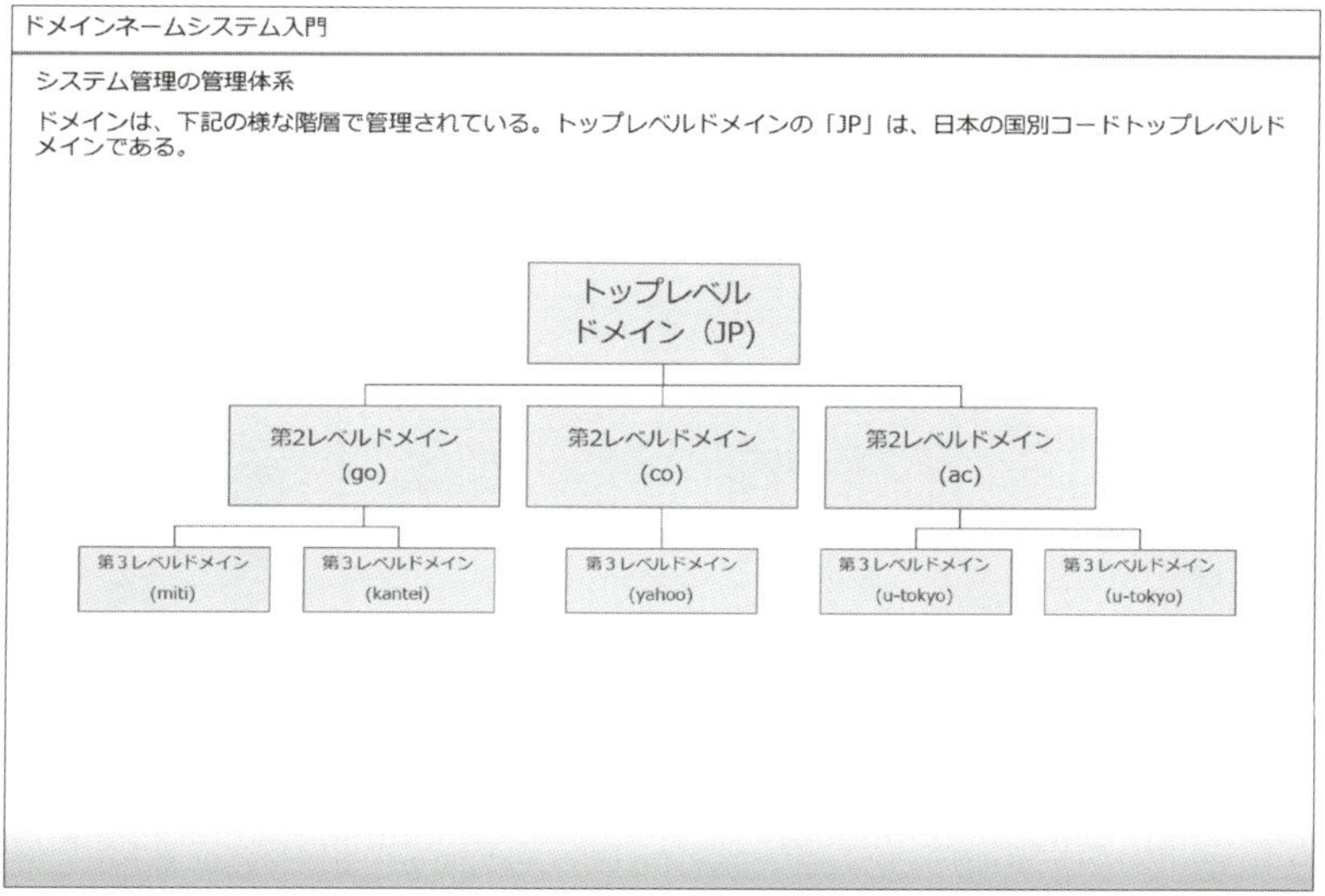
ドメインネームシステム入門

システム管理の管理体系

ドメインは、下記の様な階層で管理されている。トップレベルドメインの「JP」は、日本の国別コードトップレベルドメインである。

階層構成図の特徴

- **構造は縦型組織図と同じ形式**
- **インターネットのドメインネームシステムのような、配下のサーバのみを管理する構造を表す場合に使われる**
- **下位の要素の数が多い場合は枠を小さくして調整する**

2-14

横型の階層で構成される関係を説明する

並列の階層構造を表現する横型階層構成図

▼ファイル管理構造から生物進化まで幅広く表現できる

　これも、階層状になっている構造を表現するための図です。各要素を枠で囲み、直接関係のあるもの同士を線で結びます。2－11で説明した縦型階層構成図と仕組みとしては同じですが、階層構造の上位にある要素は左の位置に配置し、下位にいくほど右に配置します。また、形状は2－12で説明した並列横型組織図と同様ですが、組織図だけでなく、実態のないものでも、階層状の関係性があれば、同様に使えます。横型階層構成図では、同じ層に属する要素が縦に並びます。同じ層であれば、要素の数が増えても図表スペースの横幅には影響がありません。その一方で、階層が深くなると、図表スペースの幅に収まらなくなってしまいます。**同一層に並列して多くの要素がある構造を表すときに使うとよい**でしょう。

　例えば左図のように、コンピューターのファイル管理構造などを表すことができます。そのほか、生物の進化の過程など、ひとつのものが分岐して変化していくものも、横型階層構成図を使って表すことができます。

並列の構造を表現する横型階層構成図

階層構造の上位にある要素は左の位置に配置し、下位にいくほど右に配置する

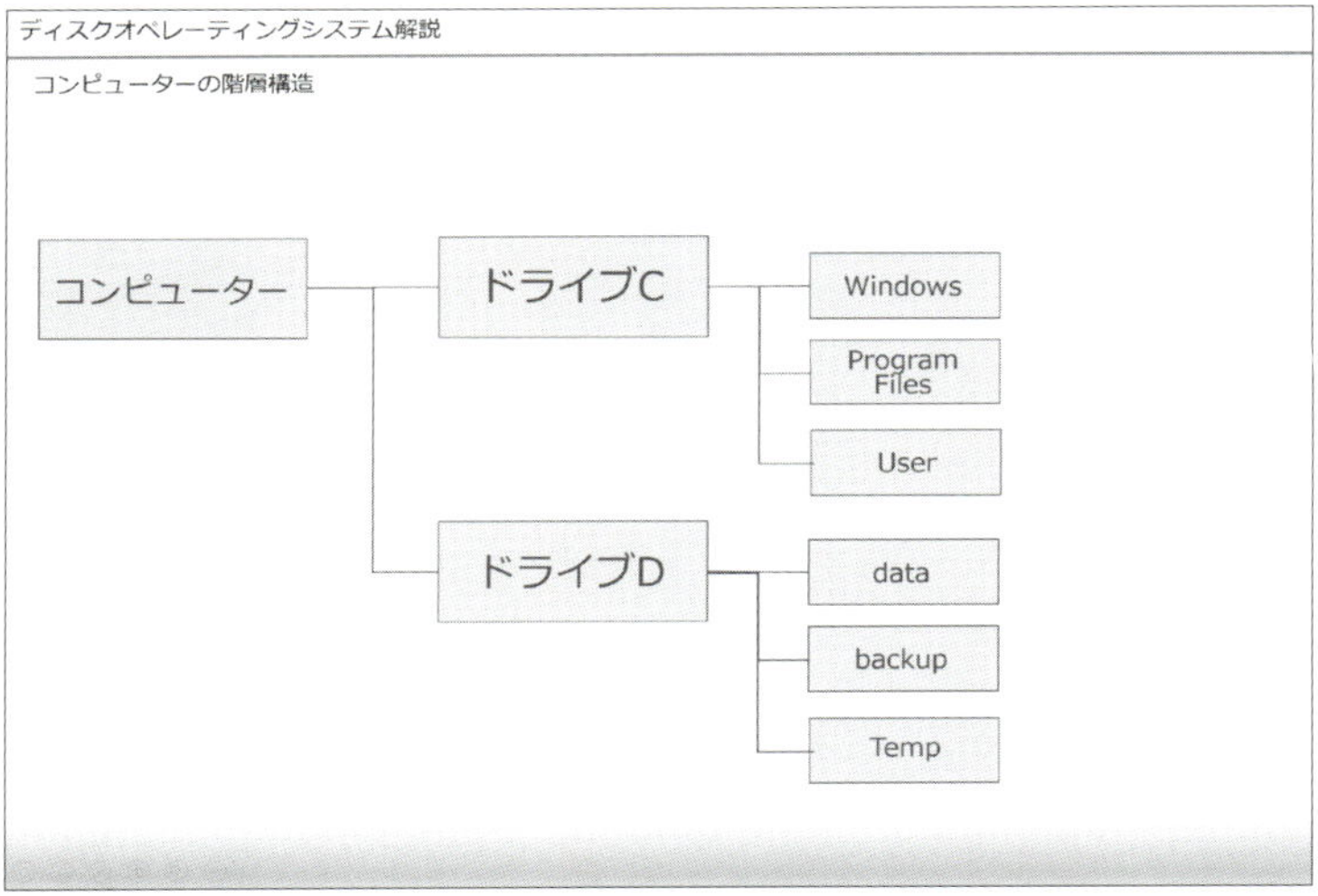

横型階層構成図の特徴

- 構造は並列組織図と同じ形式
- コンピューターのファイル管理構造など、浅い階層に多くの要素があるものの表現に向く
- 生物の進化の過程など、時間の流れとともに分岐して変化していくような構造の解説に向く

2-15

頂点のある階層構成を説明する

上位にいくほど量や数が少なくなる構成を表すピラミッド型構成図

▼王族と平民の支配階級を表す図

階層構造を表す図のひとつに、ピラミッド型構成図があります。三角形を平行に仕切り、それぞれを層として表します。この階層図では、下の階層にあるものが上にある階層を支える構造になっていて、トップの階層へとつながっていきます。下の階層のほうが図の面積が広くなるため、上位にいくほど量や数が少なくなるものを表すときに使うとよいでしょう。また、トップのものが複数ある構造を表すことはできません。

ピラミッド型構成図の階層はいくつあってもかまいませんが、あまり数が多くなると一つの階層が薄くなりすぎて、見づらくなってしまう可能性があります。その場合はグルーピングして色分けするなどすると見やすくなります。なお、**色をつける場合は、下部に濃い色を使用すると違和感がありません**。

ピラミッド型構成図で表せる例としては、支配階級の図があります。トップに少数の王族がいて、下部に支配される大勢の平民などがいる構成です。

頂点のある階層構成を説明する ピラミッド型構成図

下の階層が上の階層を支える構造でトップの階層へとつながる構成図
上位にいくほど量や数が少なくなるものを表すときに適している

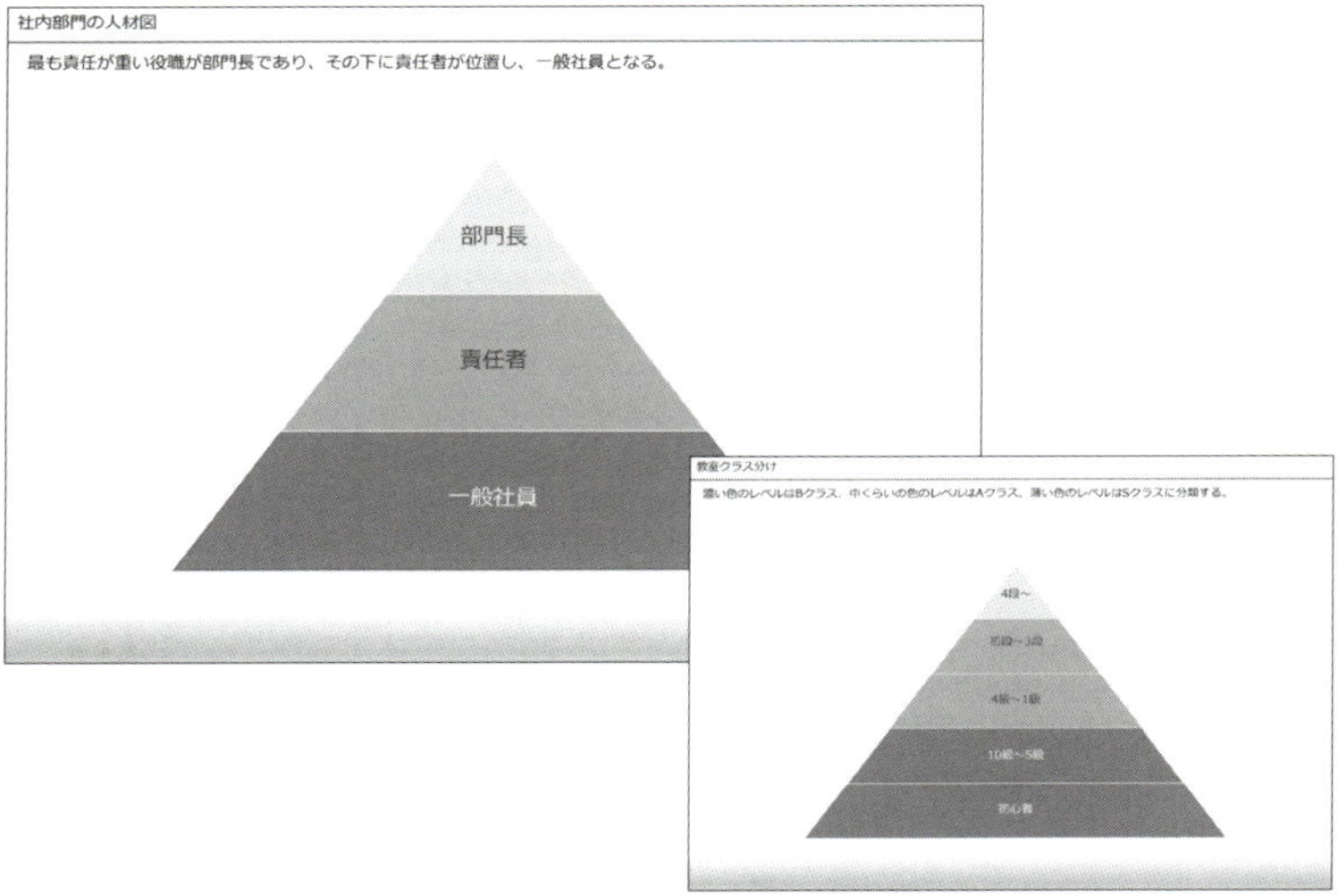

ピラミッド型構成図の特徴

- ピラミッドのような頂点のある三角形の構成
- 下の階層が上の階層を支える構造
- 下の階層の面積が広くなるため、上位にいくほど量や数が少なくなるものを表すのに向く

2-16

ウェブサイトなどの構成を説明する

ページのつながりを表すサイトマップ

▼サイトマップはウェブサイトの設計図

ウェブサイトの構成を表す図は、サイトマップや遷移図などと呼ばれます。細かいページの中身ではなく、各ページの役割と、ページ同士のリンク関係を表すことが主目的となります。いわば全体の設計図であり、サイトの目的を実現するためのコンテンツが揃っているかどうか、そのボリュームは適切かどうかなどを判断するのに役立ちます。また、実際にサイトを制作するときにも、構成図が必要となります。ウェブサイトは、リンクさえ設定すればいいので、きれいに階層化する必要はありませんが、企業ページなどの一般的なサイトでは、ある程度情報を整理して見せたほうが、利用者にもわかりやすくなります。

個々のページは通常長方形で表し、リンクでつながっているページ同士を線で結びます。ページの階層が深くなりすぎると、トップページからなかなかたどり着くことができなくなります。トップページに来てくれた人にぜひ見てもらいたいページがあるときは、なるべく浅い階層に配置するようにするのも一つの方法です。

ウェブサイトの構成を表すサイトマップの例

**各ページの役割とページ同士のリンク関係を表す。
ウェブサイト全体の設計図として、
コンテンツとそのボリュームについて判断する材料となる**

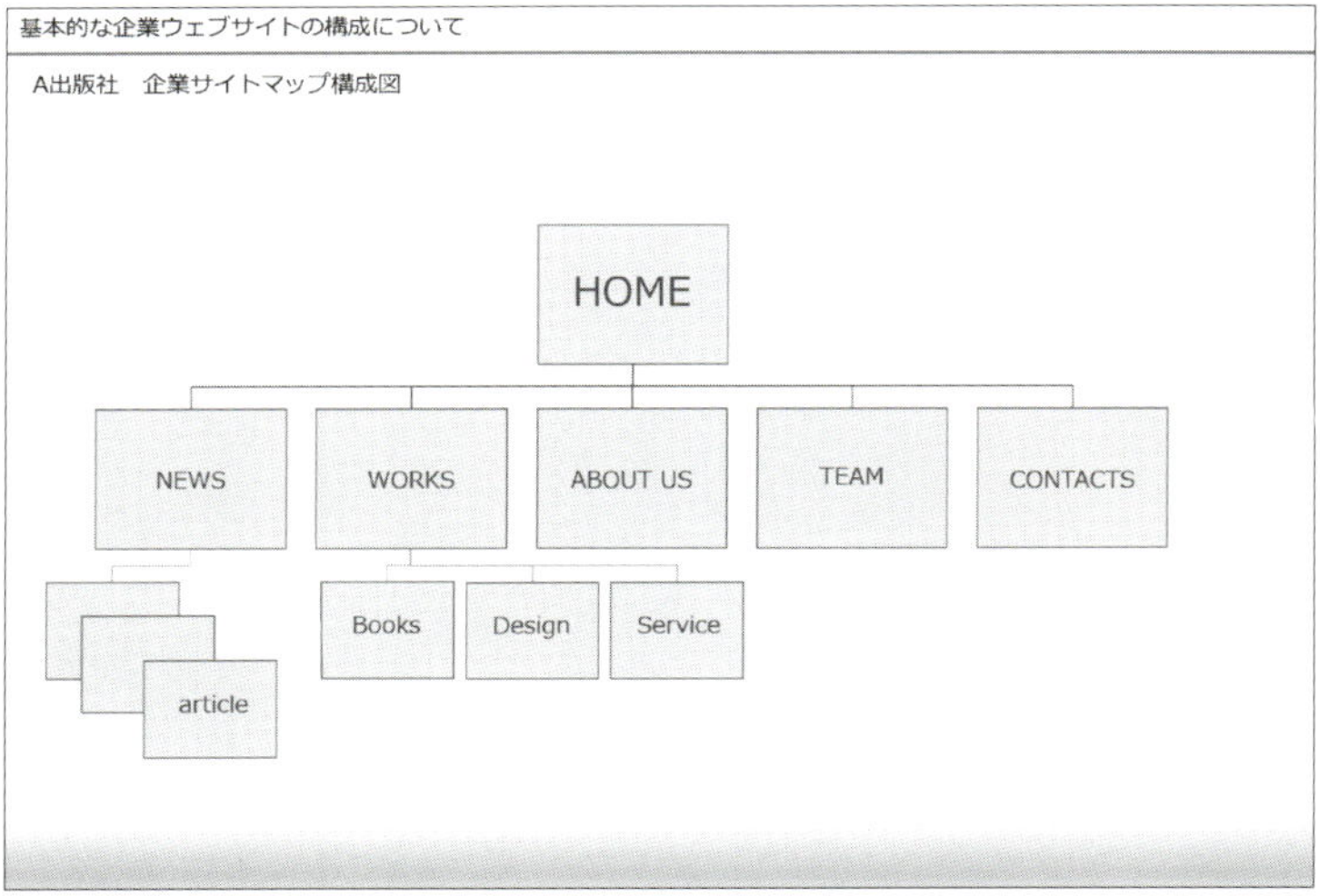

サイトマップの特徴

- 各ページの役割と、ページ同士のリンク関係を表す
- サイト全体のボリュームを目で見て確認できる
- 必要なコンテンツが揃っているか確認できる
- それぞれのコンテンツが適切なボリュームとなっているか確認できる

2-17

つながりと強さを同時に説明する

相関図を応用したネットワーク構成図

▼接続線の種類や枠の形を変えてより多くの情報を表示

2－08の相関関係と同様につながりを表した図ですが、**枠の形や接続線を変えることで、関係性だけではなく、さまざまな要素を表す**ことができます。

ネットワーク構成では、要素によって性質や重要度が異なる場合があります。例えば、ハブとなる要素があり、そこに衛星のように別の要素がぶら下がっている場合、それぞれの要素を長方形と楕円にするなど、別の形で表すとわかりやすくなります。また、つながりの強さが違っている場合、線の太さを変えるとわかりやすくなります。

例では、システムのネットワーク構成を図に表しています。ここでは各都市の主要なサーバーを長方形で表し、そこから管理するデータベースを楕円で表しています。また、回線速度の違いを、線の太さの違いによって表現しています。

例のような物理的なネットワークだけではなく、人間や企業関係、考え方など、複数の要素同士に関係性があるものであれば、なんにでもこの構成図は応用可能です。

相関図を応用したネットワーク構成図

相関図を応用して、枠の形や接続線を変えることで、関係性だけではなく、さまざまな要素を表すことができる

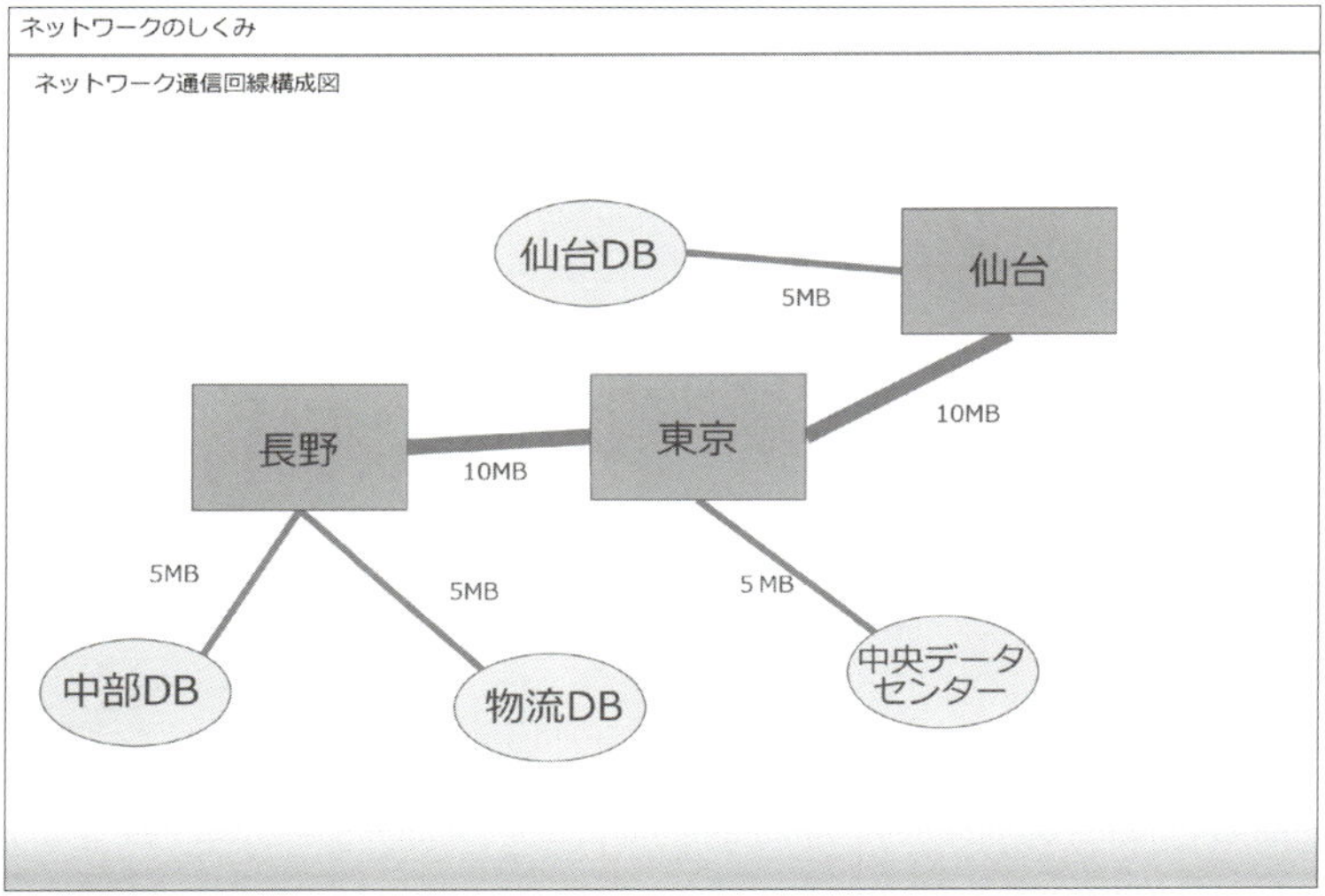

ネットワーク構成図の特徴

- 要素の色や形状を変えることで、中心となる要素と衛星要素を区別できる
- 接続線の太さで、要素同士のつながりの性質を表せる
- 要素の配置や要素同士の距離で、関係を表現できる
- 複数の要素同士に関係のあるものであれば、なんにでも応用可能

2-18

企業イメージなどの分析を図にしよう

4象限マトリクス図でイメージによる分類を行う

▼伝統的、上質などのイメージで分類

物事を分析するときの基本的な方法に、軸の設定があります。1つの軸だけでは単純な見方しかできませんが、2つの軸を設定すると、物事の位置づけがよくわかります。例えば値段の軸だけでは、安いか高いかという一方的な見方しかできません。しかし、そこにもう1つの軸（たとえば時系列）を加えることで、伝統的だが安い、伝統的かつ高級、新しくて安い、新しくて高級という、4つのイメージに整理することができるようになります。それぞれの軸には、視点が違うものを設定するようにしましょう。

4象限マトリクスは、この2軸による分類を図として表すためのものです。単に4つに分けるだけではなく、それぞれの軸のどちらに寄っているかを位置で表すことができるので、微妙な位置づけまで伝えることができます。

自社のブランドイメージや、商品のターゲット層などを伝えるには最適の方法です。その場合も、軸をどう設定するかが重要になります。

4象限マトリクス図でイメージによる分類を行う

4象限マトリクスでは、「高級」「伝統的」などといった次元の違う2つの軸を設定して、物事の位置づけを行うことができる

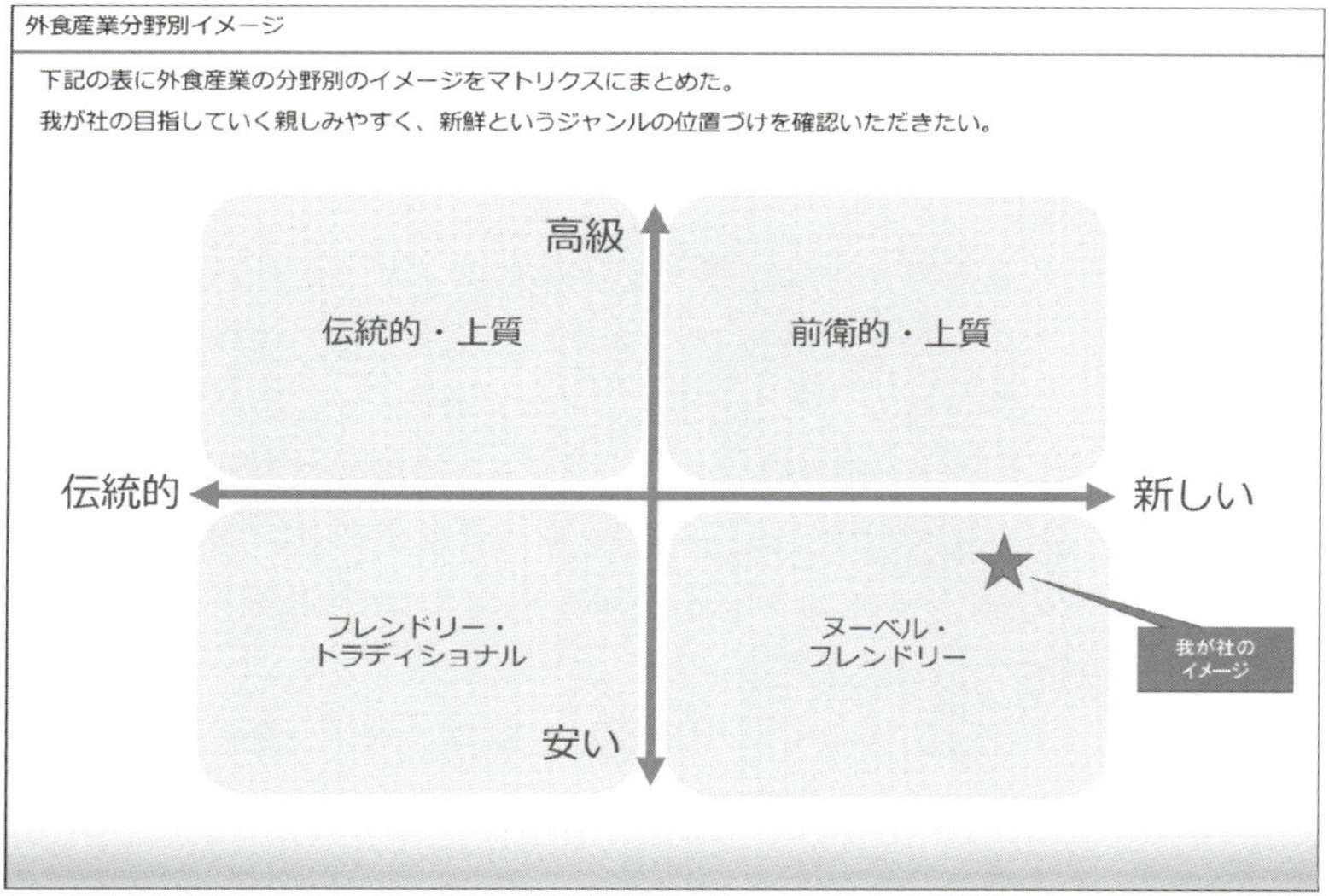

4象限マトリクス図の特徴

- 2つの軸を設定して、物事の位置づけを行うことができる
- イメージによる分類で説得力を得やすい
- 軸の要素を自由に設定すれば、あらゆる物事の位置づけが可能

コラム

企画書のグレードをアップするインフォグラフィックス

最近、データをわかりやすく見せるための手法として「インフォグラフィックス」が注目されています。Info と Graphics を合わせた言葉で、イラストや趣向を凝らしたデザインによって、情報をグラフィカルに表現した図のことをいいます。

使い方次第で大きな効果を上げられますが、イラストなどを描くことに慣れていない人にとっては、作成が難しいのも確かです。通常は、プロフェッショナルに発注して作ってもらいますが、誰でも簡単に作れる方法もあります。１つは、地図を背景に使うこと。該当する地域の上にグラフを配置すれば、位置関係とデータが一度に把握できるようになります。

もう１つは、人型や車などのアイコンを使い、量を表す方法です。例えば利用人数の変化を棒グラフで表現する場合、棒の代わりに人型アイコンを並べるだけで、立派なインフォグラフィックスが完成します。

いずれもフリー素材を利用すれば、絵心がなくても簡単に作成することができます。ネット上にも数多くフリー素材配布サイトがあるので活用するといいでしょう。ただし、著作権上、利用制限がある場合もあるので、利用規約を必ず確認するようにしましょう。

第３章

数値を視覚に訴求するグラフの作り方

3-01
視覚に訴求できる表を作ろう
直感的にデータの大小がつかめるヒートマップ

▼色や濃淡を使ってデータの特徴を感覚に訴求する

桁数の多い数値を一覧で比較するためには、通常大きさ順に並べ替えるなどの処理を行います。しかし、北から並んだ都道府県名のように並び順に意味がある場合は、ヒートマップ（カラースケール）が有効です。**値の大小を色や濃淡で表す**ことにより感覚的に把握することができます。

例で挙げた表では、都道府県別の人口増減数と人口密度にカラースケールを設定して、ヒートマップとして可視化しました。ヒートマップはその名の通り、数値の大きな要素は熱さを感じる赤や濃色を、数値の小さな要素には冷たさを感じる青や淡色を用いて表します。この表では、都道府県をおおよそ北から並べています。これにより、大都市圏の人口増加が他の地域より多く、南より北の人口減少が大きいことを表現できます。

色の濃淡は棒グラフなどに比べ訴求力の弱い表現方法ですので、際立たせたい特徴に絞って使用する必要があります。

数量を感覚的に伝えるには?

人口密度の高いほうから濃い色をつけることで
密度の高低を視覚的に表現できる!

人口、人口増減（平成17年～22年）、面積及び人口密度

（注）人口欄の「平成17年（組替）」は、平成22年10月1日現在の市区町村の境域に基づいて組み替えた平成17年の人口を示す。

（1）国土交通省国土地理院「平成22年全国都道府県市区町村別面積調」による。ただし、平成12年の地域については「平成12年全国都道府県市区町村別面積調」による。また、境界未定地域については、総務省統計局において面積を推定している。

（2）「面積及び人口集中地区に関する留意事項」を参照。「平成22年国勢調査結果」（総務省統計局）(http://www.e-stat.go.jp/SG1/estat/Csvdl.do?sinfid=000012460662) を加工して作成。

都道府県別人口密度（平成22年国勢調査より）

	人口 平成22年 (a)	人口 平成17年（組替）2)	平成17年～22年の人口増減数 2)	面積(km2) (b) 1)2)	人口密度（1km2当たり）
全国	128057352	[illegible]	289358	377950.1	343.4
北海道	5506419	[illegible]	-121318	83456.87	70.2
青森県	1373339	[illegible]	-63318	9644.54	142.4
岩手県	1330147	[illegible]	-54894	15278.89	87.1
宮城県	2348165	[illegible]	-12053	7285.76	322.3
秋田県	1085997	[illegible]	-59504	11636.25	93.3
山形県	1168924	[illegible]	-47257	9323.46	125.4
福島県	2029064	[illegible]	-62255	13782.76	147.2
茨城県	2969770	[illegible]	-5397	6095.72	487.2
栃木県	2007683	[illegible]	-8948	6408.28	313.3
群馬県	2008068	[illegible]	-15928	6362.33	315.6
埼玉県	7194556	[illegible]	140174	3798.13	1894.2
千葉県	6216289	[illegible]	159827	5156.7	1205.5
東京都	13159388	[illegible]	582777	2187.5	6015.7
神奈川県	9048331	[illegible]	256744	2415.86	3745.4
新潟県	2374450	[illegible]	-57009	12583.81	188.7
富山県	1093247	[illegible]	-18482	4247.61	257.4
石川県	1169788	[illegible]	-4238	4185.66	279.5
福井県	806314	[illegible]	-15278	4189.83	192.4
山梨県	863075	[illegible]	-21440	4465.37	193.3
長野県	2152449	[illegible]	-43665	13562.23	158.7
岐阜県	2080773	[illegible]	-26453	10621.17	195.9
静岡県	3765007	[illegible]	-27370	7780.42	483.9
愛知県	7410719	[illegible]	156015	5165.04	1434.8
三重県	1854724	[illegible]	-12239	5777.27	321
滋賀県	1410777	[illegible]	30416	4017.36	351.2
京都府	2636092	[illegible]	-11568	4613.21	571.4
大阪府	8865245	[illegible]	48079	1898.47	4669.7
兵庫県	5588133	[illegible]	-2468	8396.13	665.6
奈良県	[illegible]	[illegible]	-20582	3691.09	379.5
和[illegible]	[illegible]	1035969	-33771	4726.29	212
[illegible]	[illegible]	607012	-18345	3507.28	167.8
[illegible]	[illegible]	742223	-24826	6707.95	107
[illegible]	[illegible]	1957264	-11988	7113.21	273.5
[illegible]	[illegible]	2876642	-15892	8479.58	337.4
[illegible]	[illegible]	1492606	-41268	6113.95	237.4
[illegible]	[illegible]	809950	-24459	4146.67	189.4
[illegible]	[illegible]	1012400	-16558	1876.53	530.7
[illegible]	[illegible]	1467815	-36322	5678.18	252.1
[illegible]	[illegible]	796292	-31836	7105.16	107.6
[illegible]	[illegible]	5049908	22060	4977.24	1019
[illegible]	[illegible]	866369	-16581	2439.65	348.3
[illegible]	[illegible]	1478632	-51853	4105.33	347.5
[illegible]	[illegible]	1842233	-24807	7404.73	245.4
大分[illegible]	[illegible]	1209571	-13042	6339.71	188.7
宮崎県	1135233	[illegible]	-17809	7735.99	146.7
鹿児島県	1706242	[illegible]	-46937	9188.78	185.7
沖縄県	1392818	[illegible]	31224	2276.15	611.9

数値の大小を色の濃淡で表現

色のイメージと数値を関連づけることで感覚的な理解をうながすことができる!

3-02

データの特徴が伝わる表をつくろう

数値を可視化するデータバー

▼セル内に棒グラフを表示して数値の大きさを表現する

表の並べ替えを行って数値の大小を表現できないときは、データバー機能を使って**セルの内部に棒グラフを表示させる**ことができます。選択されたエリアの最大数を100%として、その他の値が相対的なグラフとしてセル内に表示されます。都道府県別の人口を比較する場合、最大の東京都に対しておおよそ何割くらいの人口があるのか、都道府県別に表示することができます。

例で挙げた表では、3－01のヒートマップと組み合わせて、人口と面積をデータバーで表現しています。これにより異なる情報を可視化して同時に比較させることができます。

ここで注意しなければならないのは、都道府県別の面積のように著しく大きなデータがある場合は、その他のデータの差が出づらくなることです。この場合は、面積のセルの横幅を調整するか、最大面積の北海道をのぞく都道府県のみをデータバーのエリアとして指定するなどの工夫が必要です。

表に棒グラフを入れてみよう

棒グラフを要素別にセル内に入れることで
数値の大小を表現しよう!

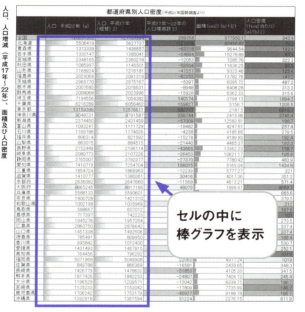

人口、人口増減（平成17年～22年）、面積及び人口密度

（注）人口欄の「平成17年（組替）」は、平成22年10月1日現在の市区町村の境域に基づいて組み替えた平成17年の人口を示す。
（1）国土交通省国土地理院「平成22年全国都道府県市区町村別面積調」による。ただし、平成12年の地域については「平成12年全国都道府県市区町村別面積調」による。また、境界未定地域については、総務省統計局において面積を推定している。
（2）「面積及び人口集中地区に関する留意事項」を参照。「平成22年国勢調査結果」（総務省統計局）(http://www.e-stat.go.jp/SG1/estat/Csvdl.do?sinfid=000012460662) を加工して作成。

都道府県別人口密度（平成22年国勢調査より）

	人口 平成22年 (a)	人口 平成17年 (組替) 2)	平成17年～22年の人口増減数 2)	面積(km2) (b) 1)2)	人口密度 (1km2当たり) (a)/(b) 2)
全国	[illegible]	[illegible]	289358	377950.1	343.4
北海道	5506419	5627737	-121315	83456.87	70.2
青森県	1373339	1436657	-63318	9644.54	142.4
岩手県	1330147	1385041	-54894	15278.89	87.1
宮城県	2348165	2360218	-12053	7285.76	322.3
秋田県	1085997	1145501	-59504	11636.25	93.3
山形県	1168924	1216181	-47257	9323.46	125.4
福島県	2029064	2091319	-62255	13782.76	147.2
茨城県	2969770	2975167	-5397	6095.72	487.2
栃木県	2007683	2016631	-8948	6408.28	313.3
群馬県	2008068	2023996	-15928	6362.33	315.6
埼玉県	7194556	7054382	140174	3798.13	1894.2
千葉県	6216289	6056462	159827	5156.7	1205.5
東京都	13159388	12576611	582777	2187.5	6015.7
神奈川県	9048331	8791587	256744	2415.86	3745.4
新潟県	2374450	2431459	-57009	12583.81	188.7
富山県	1093247	1111729	-18482	4247.61	257.4
石川県	1169788	1174026	-4238	4185.66	279.5
福井県	806314	821592	-15278	4189.83	192.4
山梨県	863075	884515	-21440	4465.37	193.3
長野県	2152449	2196114	-43665	13562.23	158.7
岐阜県	2080773	2107226	-26453	10621.17	195.9
静岡県	3765007	3792377	-27370	7780.42	483.9
愛知県	7410719	7254704	156015	5165.04	1434.8
三重県	1854724	1866963	-12239	5777.27	321
滋賀県	1410777	1380361	30416	4017.36	351.2
京都府	2636092	2647660	-11568	4613.21	571.4
大阪府	8865245	8817166	48079	1898.47	4669.7
兵庫県	5588133	5590601	[illegible]	[illegible]	665.6
奈良県	1400728	1421310	[illegible]	[illegible]	379.5
和歌山県	1002198	1035969	[illegible]	[illegible]	212
鳥取県	588667	607012	[illegible]	[illegible]	167.8
島根県	717397	742223	[illegible]	[illegible]	107
岡山県	1945276	1957264	[illegible]	[illegible]	273.5
広島県	2860750	2876642	[illegible]	[illegible]	337.4
山口県	1451338	1492606	[illegible]	[illegible]	237.4
徳島県	785491	809950	[illegible]	[illegible]	189.4
香川県	995842	1012400	[illegible]	[illegible]	530.7
愛媛県	1431493	1467815	[illegible]	[illegible]	252.1
高知県	764456	796292	[illegible]	[illegible]	107.8
福岡県	5071968	5049908	22060	4977.24	1019
佐賀県	849788	866369	-16581	2439.65	348.3
長崎県	1426779	1478632	-51853	4105.33	347.5
熊本県	1817426	1842233	-24807	7404.73	245.4
大分県	1196529	1209571	-13042	6339.71	188.7
宮崎県	1135233	1153042	-17809	7735.99	146.7
鹿児島県	1706242	1753179	-46937	9188.78	185.7
沖縄県	1392818	1361594	31224	2276.15	611.9

セルの中に
棒グラフを表示

エクセルで表に棒グラフを入れる手順

❶棒グラフを表示したいセルを選択する
❷ホームタブをクリックし、条件付き書式を選択する
❸データバーを選択し、好みのデザインを選んでクリックする

3-03

棒グラフで複数の要素を比較しよう

数値の増減、比較の可視化

▼複数の要素は棒グラフで比較

量や頻度などの数値データの可視化には、棒グラフが最適です。グラフの棒の長さで数値を表すことで、量を感覚的に把握することができます。縦型グラフの場合、縦軸で値の大きさを表現しますが、**横軸の取り方しだいで、変化の様子や要素ごとの比較を行うことができます**。人口や金額、消費量、利用回数などを表現するのに向いています。

例で挙げた降水量のグラフでは、横軸に時系列を置いていますが、さらに2つの要素（都市）のデータも隣同士に並べることで、時系列の変化と要素の比較を同時に行っています。各要素に違う色を割り当てることで、区別を行っています。この方法の場合、要素が多いと見づらいので、最大3項目程度にしておいたほうがいいでしょう。また、横軸のポイント（この場合は月）が多すぎる場合も見づらくなります。

グラフの場合、元のデータとなる表の作り方がポイントになります。横軸に複数の要素を同時に表現したいときは、横軸に各要素のデータをきちんと対応させた表にしましょう。

複数の要素は棒グラフで比較

年月	練馬	室戸岬
1 月	16	59
2 月	127.5	100
3 月	119	160.5
4 月	117.5	178.5
5 月	91.5	283.5
6 月	485.5	276
7 月	121.5	250
8 月	81	562
9 月	97	104.5
10 月	336.5	398.5
11 月	87.5	209.5
12 月	59.5	127.5

棒グラフは数値の差を視覚的に理解できる

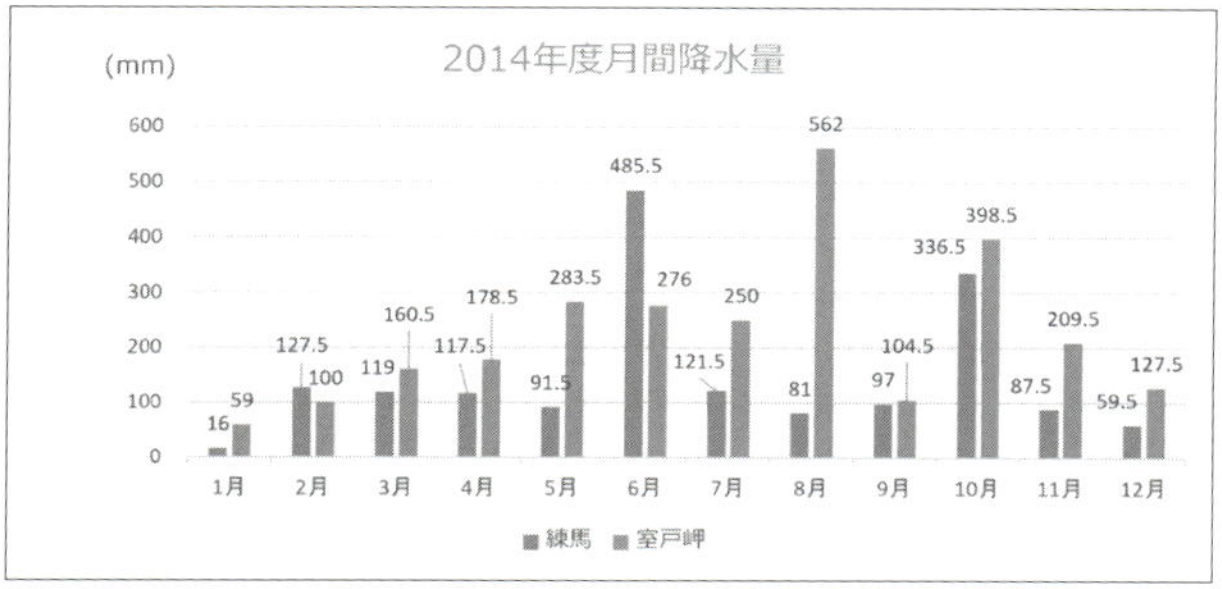

出典：気象庁ホームページ 過去の気象データ
http://www.data.jma.go.jp/

棒グラフの特徴

- 複数の要素を視覚的に比較するときに大きな効果を発揮する
- 数値の大小がわかりやすく、直感的に理解しやすい
- 数値と並列して表記しても、見づらくなりにくい

3-04

比較対象との差を明確にしよう

横型棒グラフを用いた比較

▼対象との比較がしやすいグラフを作る

複数の数値を比較する場合には、棒グラフによる可視化が適しています。縦型グラフと同様に数値を表現するのに向いていますが、ここでは変化ではなく要素間の比較が目的となります。縦型棒グラフを用いても、同じ目的のグラフは作成できますが、**要素数が多くなる場合、横型棒グラフのほうが見やすい**でしょう。また、要素名に英数字が多かったり、横書きの書類内に挿入したりする場合にも、横型グラフのほうが見やすくなります。

グラフの元のデータとなる表の作り方は簡単です。1行に1つの要素を並べ、同じ行にある隣のセルに対応する数値を配置します。グラフでは、縦軸に要素名（例では支店名）が表示されるので、要素ごとに色分けなどを行う必要はありませんが、特に強調したい要素があったら別の色を設定すると目立たせることができます。

要素の順番に意味がなく、数値の比較を重視する場合は、表の段階であらかじめデータの並べ替えを行って、数値の大きい（小さい）順にしておくと、より見やすくなります。

対象との比較がしやすいグラフを作る

都市名	売上
Japan Tokyo	750
USA NewYork	560
USA LosAngels	720
Canada Montreal	250
Hong Kong	888
Singapore	485.5
U.K London	320
France Paris	280
China Beijing	820

要素間の比較をしたいときは縦棒グラフよりも横棒グラフのほうが、理解しやすい!

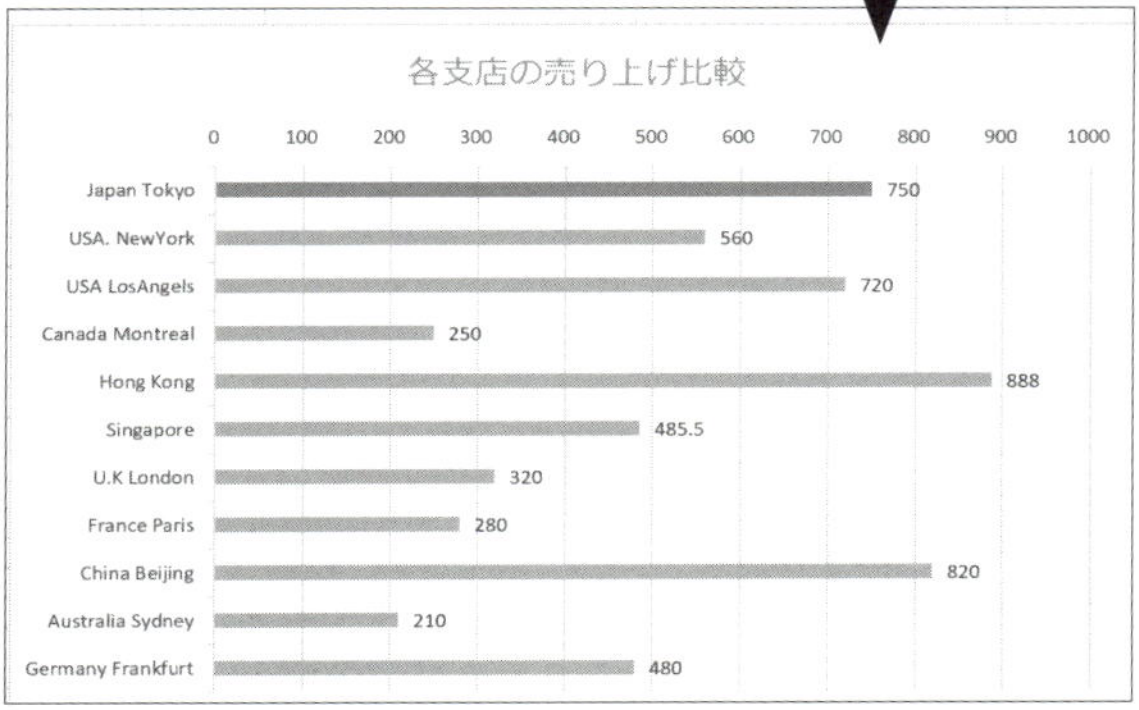

横棒グラフの特徴

- 要素数が多い場合、横棒グラフのほうが理解しやすい
- 相関関係を表現したいときに便利
- 要素名に英文等が入っているものは表現しやすい

3-05

全体量と割合の変化を一度に把握しよう

区分線入り積み上げグラフ

▼要素間を線で結んで変化を強調する

全体量とその内訳を同時に表したいときには、積み上げグラフを使用します。棒の長さで全体の量を表し、その棒を要素ごとに区切ることで、内訳も同時に表します。1つの棒だけでも役に立つシーンは多いですが、横軸を設けて**複数の棒を並べることで、時系列の変化や要素間の比較を表せます**。例えば、全体の売り上げ、各支店の売り上げの内訳、時系列での変化という3つの要素をわかりやすく見せることができます。通常の棒グラフと同様に、積み上げグラフも、縦、横いずれの形式でも作成できます。目的によって使い分けましょう。

グラフ上では、各要素を色分けして、差別化を行います。また、横軸における比較をより明確に見せたいときは、要素間を線で結ぶ区分線を設定するといいでしょう。

また、全体の量の変化ではなく、要素間の内訳の変化を明確に見せたい場合は、元データの表に入力する数値を、実際の数値ではなく割合にするとよいでしょう。棒の長さを一定に揃えることで、内訳の割合の変化だけがより明らかに表現できます。

区分線入り積み上げグラフの特徴

変化を表す線が入ることで
視覚的にわかりやすくする!

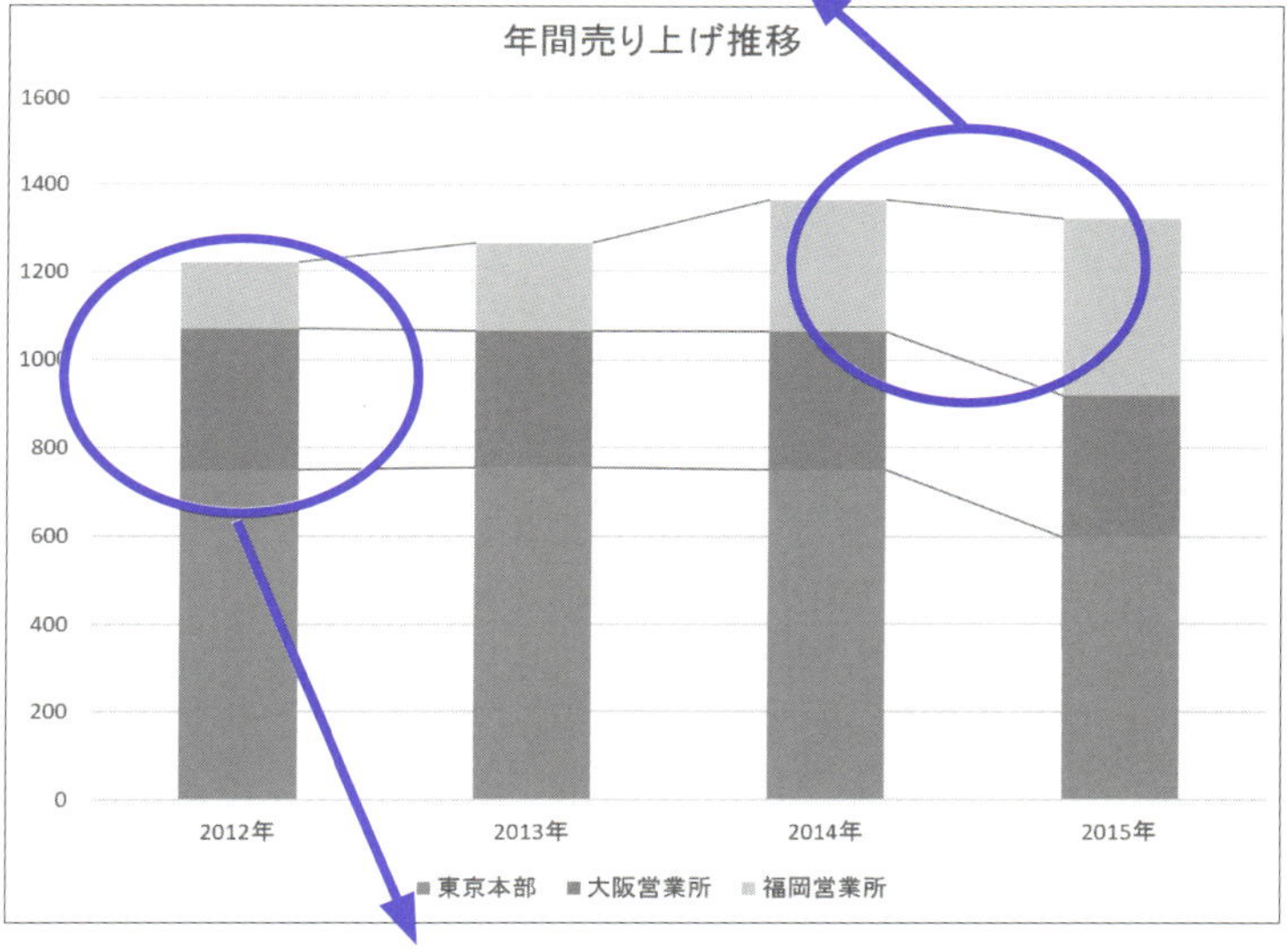

棒グラフを要素別に積み上げることで
内訳の大小を表現しよう!

区分線入り積み上げグラフの主な特徴

- 棒の長さで全体の量を表し、要素ごとに区切って内訳を表現
- 内訳別に売り上げの変化などを出したいときに活用できる
- 区分線でグラフをつなぐことで、全体の変化を視覚的にする

3-06

データの推移を把握しよう

変化を伝えやすい折れ線グラフ

▼変化を表現する方法

連続して変化するデータの推移の傾向（トレンド）を把握するには、折れ線グラフを使用しましょう。棒グラフでも変化は表せますが、**量そのものよりも変化の傾向を重視する場合には、折れ線グラフのほうが適しています**。例えば、株価や為替レート、地価などは、経年による変化を把握することが重要なので、折れ線グラフを使用します。折れ線グラフの場合は、横軸をかなり細かく設定しても見づらくならないので、長年にわたる変化を表現するのにも向いています。横軸に対応するデータの数値をはっきりさせたいときは、折れ線上にマーカーを設定するとよりわかりやすくなります。また、変化量が少なくて傾向がグラフ上に明確に表れない場合は、縦軸の最小単位を変更してみるとよいでしょう。

複数の要素を合わせてひとつのグラフ内に表示し、傾向の違いを見ることもできます。その場合、それぞれの線の色やパターン（直線や破線）、マーカーの種類（●や▲）などを変えると混乱を避けられます。

折れ線グラフの特徴

●日本の人口（単位：千人）

年月	男	女
1950	41,241	42,873
1955	44,243	45,834
1960	46,300	48,001
1965	48,692	50,517
1970	51,369	53,296
1975	55,091	56,849
1980	57,594	59,467
1985	59,497	61,552
1990	60,697	62,914
1995	61,574	63,996
2000	62,111	64,815
2005	62,349	65,419
2010	62,328	65,730

折れ線グラフはデータの推移を簡単に把握可能

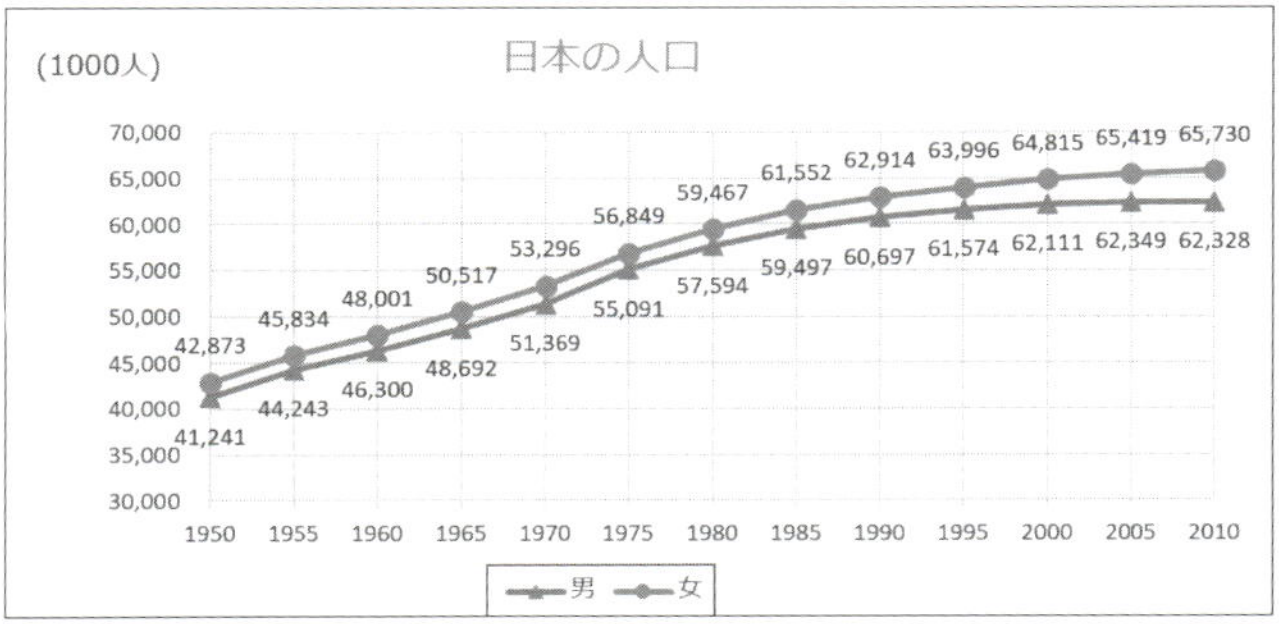

出典：総務省統計局 http://www.stat.go.jp/data/nihon/02.htm

折れ線グラフの特徴

- 連続して変化するデータ推移の傾向を表現するのに最適
- 棒グラフは量の変化、折れ線グラフは変化そのものを表す
- 株価、地価、人口など経年変化を把握したいものと好相性

3-07

複数の要素の相関関係を把握しよう

複数のグラフを組み合わせる

▼性質の異なるデータのグラフを同時に表示する

2つの異なる性質のデータを同じフィールド内に表示させると、相関関係を明らかにすることができます。ただし、まったく関係ない2つのデータを用意しても意味がありませんので、時系列などの要素が共通のデータを用意しましょう。例のように、売上高と利益率の推移を一度に表示すれば、売上高の伸びに対して利益率が伸びていないなど、経営上の問題点を明確に指摘することが可能です。

2つのデータを合わせてグラフにしたいときは、組み合わせグラフを作成します。棒グラフと折れ線グラフなど違う種類のグラフや、同じ種類でも縦軸の数値が異なるデータを組み合わせグラフとして作成できます。

組み合わせグラフでは、左と右にそれぞれ縦軸を配置します。どちらのデータがどちらの軸の数値に対応しているかがわかるように、凡例などに明記しておくとよいでしょう。それぞれの軸の数値の幅は個別に設定できます。見やすいように調整しましょう。

折れ線グラフと棒グラフを合体

左右の縦軸がどちらに対応しているかを単位などを使ってわかりやすくしておこう

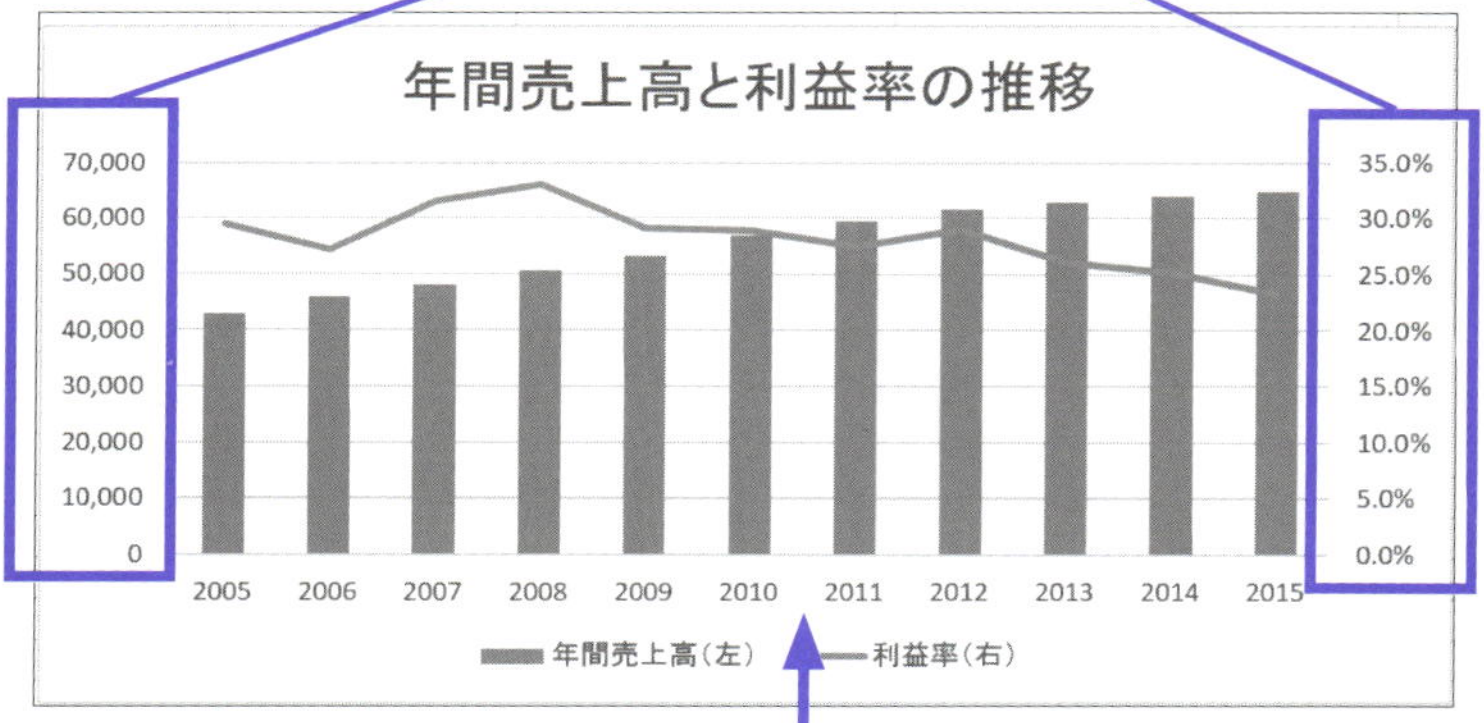

時系列など共通項があるデータを使用しよう

組み合わせグラフの特徴

- 異なる複数のデータを一度に表現して相関関係を明示できる
- 同じ種類のデータでも縦軸の数値を変えることで、新たな視点を持ったグラフを作成することができる
- 複雑なものになりやすいので、凡例などを明記したほうがよい

異なる要素の変化を 1 つのグラフにすることで相関関係を視覚的に表現できる!

3-08

2つのデータの関係を可視化して分析しよう

散布図で2つのデータの相関関係を知る

▼2つのデータの間にはどんな関係があるのか

店舗ごとの従業員数と売上高に相関関係があることは容易に想像することができます。ですが、ビジネス文書上の根拠としては通用しません。そこで、**散布図を用いて従業員数と売上高の相関関係を可視化**しましょう。

エクセルでは、2種類のデータを含むセルを選ぶだけで、簡単に散布図を作ることができます。前述の従業員数と売上高の関係の場合、店舗ごとの従業員数と売上高に対応した点にデータがプロットされていきます。このプロットされた点が全体的に右肩上がりであれば、従業員数と売上高が正比例の関係に近い相関関係を有していることがわかります。また、プロットされた点がバラバラの場合には、相関関係がないことを示します。

この点の中に突出した位置の点がある場合は、従業員数と売上高以外の別の要素が働いていることが考えられます。

散布図で2つのデータの相関関係を知る

	従業員数	年間売上（単位百万円）
店舗1	30人	230
店舗2	28人	220
店舗3	109人	980
店舗4	20人	300
店舗5	45人	400
店舗6	37人	354
店舗7	75人	689
店舗8	54人	470
店舗9	23人	200
店舗10	134人	1500
店舗11	30人	330
店舗12	40人	420
店舗13	65人	550
店舗14	78人	802
店舗15	93人	891
店舗16	82人	789
店舗17	73人	678
店舗18	63人	676
店舗19	53人	545
店舗20	66人	578
店舗21	90人	930
店舗22	21人	345
店舗23	30人	450
店舗24	43人	550
店舗25	54人	678
店舗26	23人	302
店舗27	40人	403
店舗28	120人	1450
店舗29	65人	780
店舗30	48人	456

2つのデータから散布図を作成する

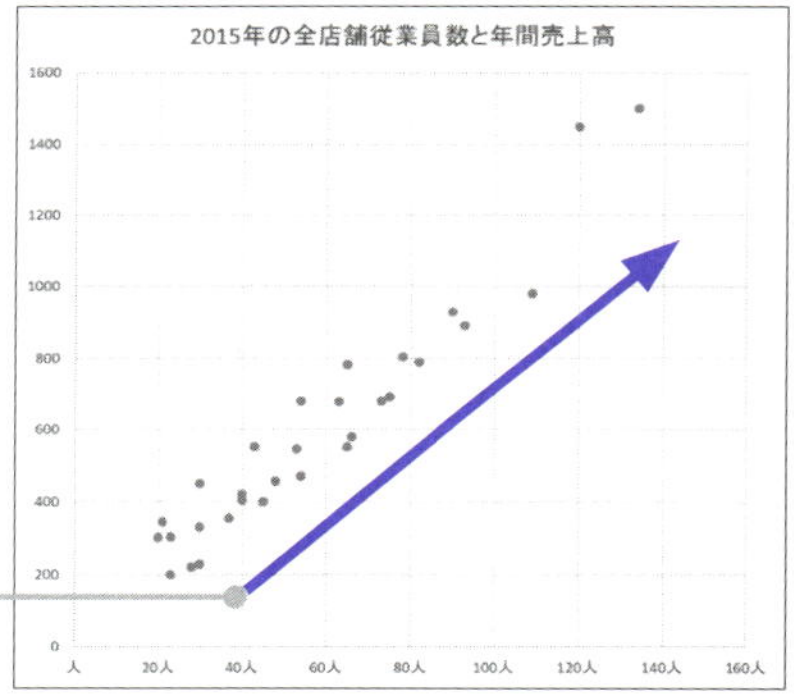

従業員数と売上高が、正比例に近い関係であることがわかる

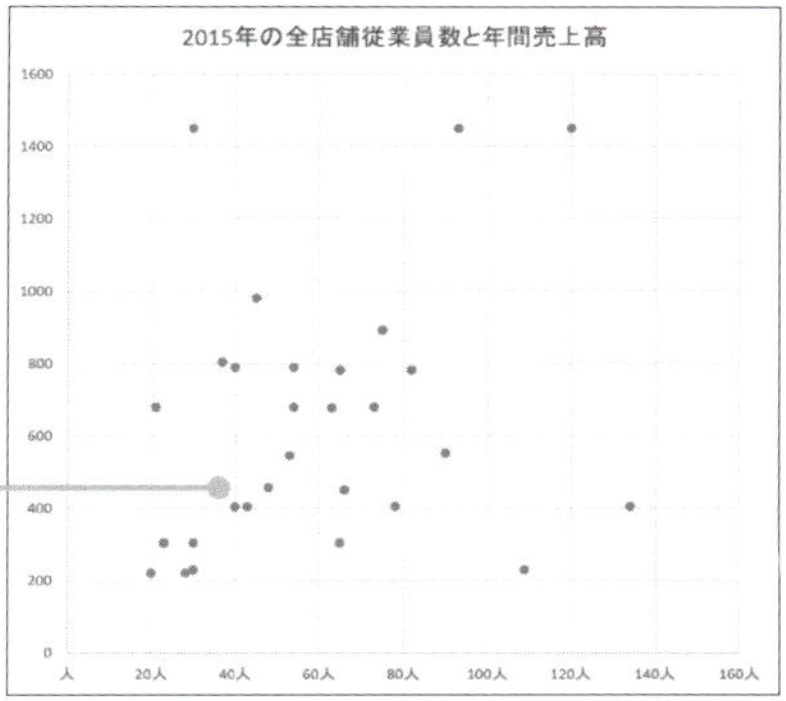

点がバラバラの配置になった場合は、相関関係が薄いことがわかる

散布図の特徴

- 2つのデータの間の関係を、可視化しておおよその相関関係を知ることができる

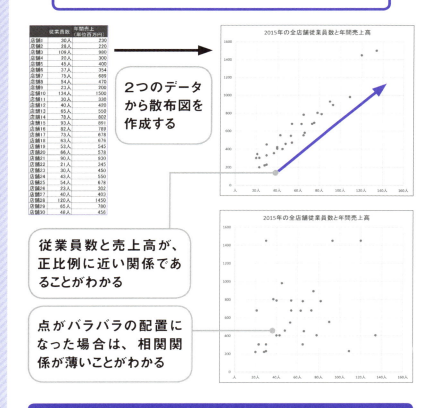

3-09

全体の割合をグラフで伝えよう

構成要素の割合が一目でわかる円グラフ

▼要素の全体に占める割合を伝える

全体における各構成要素の割合を明確にしたいときは、円グラフを使用するとよいでしょう。**円グラフは、直感的に割合を把握するのに適しています**。アンケート結果の回答割合、各地域における人口割合を伝えるときなどに利用できます。ただし、細かい数値の違いや、構成要素同士の比較をとらえるのには向いていません。その場合は、積み上げグラフなどを使ったほうがよいでしょう。

円グラフの場合、データ要素の表示面積が広いため、グラフ上に割合や構成要素(分類名)などを記載することができます。実数値を記載することもできるので、数値が意味を持つ場合には記載しておくと誤解を防げます。ただし、割合が小さい構成要素の場合は、記載するスペースがないため、引き出し線を使ってグラフ外に表示させるとよいでしょう。

また、一部を強調したいときには、色を変えるなどの手段のほかに、円から一部を浮きだたせて見せる「要素の切り出し」も効果的です。

データの全体の割合を把握する

構成要素の割合を明確にしたいときは
円グラフで表現すると理解しやすい！

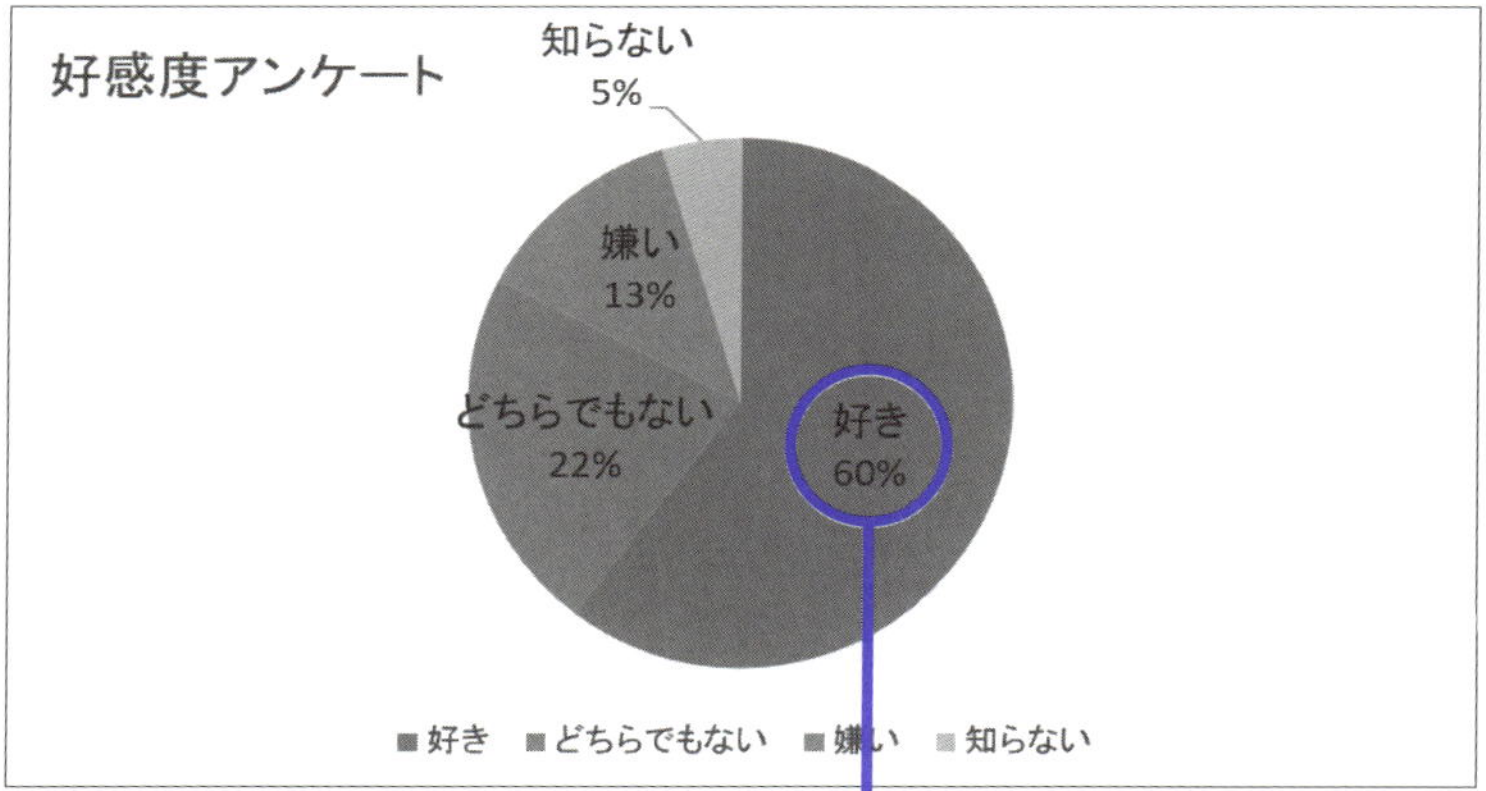

表示面積が広いときはグラフ上に
分類名や数値を記入しやすい

円グラフの特徴

- 全体に対する割合を表現したいときに最適なグラフ
- 直感的に割合を把握しやすい
- 複数のデータを比較するのには向いていない
- 区分が細かくなると、見づらくなるので注意が必要
- 実数値を同時に表記すると、より理解しやすくなる

3-10

異なる系列のデータ割合を比較しよう

複数の要素の割合を同時に表示するドーナツグラフ

▼要素の割合の変化を表す

構成要素が同じ複数のデータの内訳の割合を比較したいときには、ドーナツグラフを使います。その名の通り、中央部分が空白に抜けた円グラフで、**各データの中心点が共通になっていて、割合の比較がしやすくなっています**。ただし、ここで比較できるのは割合だけのため、全体量が著しく違うデータの比較には向いていません。例えば、アンケートの回答結果を今年度と昨年度で比較したり、人口における男女比の経年比較などは、全体量がデータの本質に関係しないため、ドーナツグラフが適しています。なお、グラフが何重にも重なると内側のデータが見づらくなるので、データ数は3程度にしておいたほうがいいでしょう。

円グラフに比べてドーナツグラフではデータ要素の面積は狭くなるため、凡例を使って構成要素（分類名）を明記すると見やすくなります。また、割合が少ない要素がいくつもあると、グラフ上で見づらくなって意味をなさなくなるので、「その他」などとまとめてしまうのもひとつのテクニックです。

ドーナツグラフを使おう

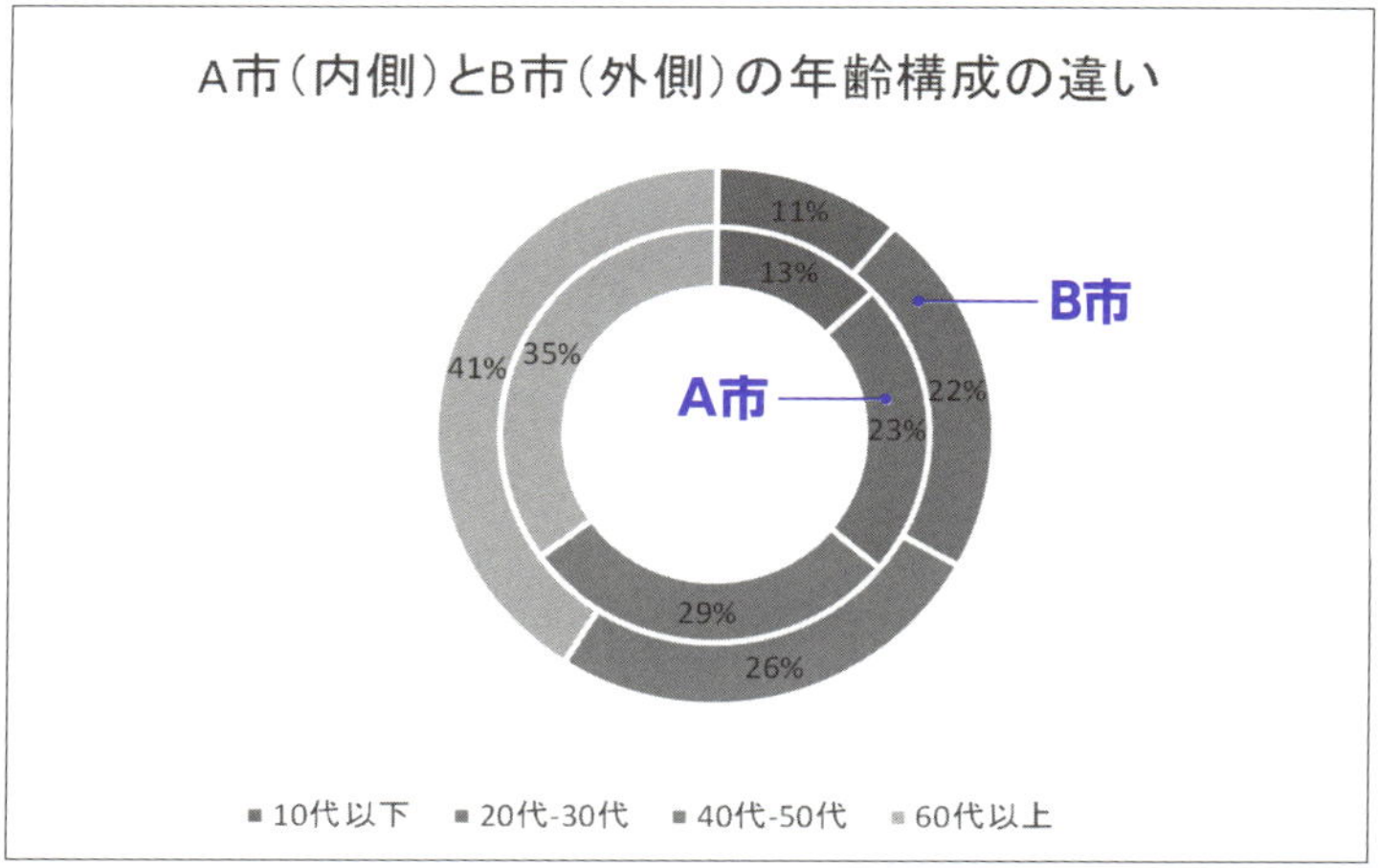

年代	A 市	B 市
10 代以下	13%	11%
20 代～ 30 代	23%	22%
40 代～ 50 代	29%	26%
60 代以上	35%	41%

複数のデータの割合を比較するときに、重宝するグラフ

ドーナツグラフの特徴

- **構成要素が同じ複数のデータを比較したいときに使えるグラフ**
- **中央部分が空白になるので、ドーナツグラフと呼ばれる**
- **アンケート結果の前年比や人口の男女比などの比較に便利**
- **データ要素の面積が狭いため、凡例をうまく活用しよう**

3-11

データの属性とその割合を同時に表示しよう

ドーナツグラフを応用して要素の属性を表示する

▼要素の割合を複数の切り口で表す

円グラフを使って割合を表示するときに、**各構成要素の内訳を明らかにしたいときにもドーナツグラフが使えます**。例えば、地域の割合と同時に、地域における各県の占める割合も表示したいなどという場合が該当します。内訳データは、内側のグラフに表示させるように設定すると見やすいグラフになります。

ここでポイントになるのは、元データの作り方です。例のように、内訳となる要素（県名等）をまとめた項目（地方）を別の行に分けておきます。まとめた項目のセルには、内訳の数値の合計を、エクセルの合計を求める関数（ＳＵＭ関数）を利用して入力しておきましょう。関数を使えば、まとめた内訳と量がずれることがないので、ぴったり内訳としてグラフが作成されます。なお、このグラフの場合、凡例を使って構成要素（分類名）を明記すると、内訳ということがわかりづらくなってしまいます。グラフ上に表示するようにするため、文字数を少なくするなどの工夫が必要です。

ドーナツグラフの応用例

各要素の合計値とその内訳を同時に表示したいときに使える！

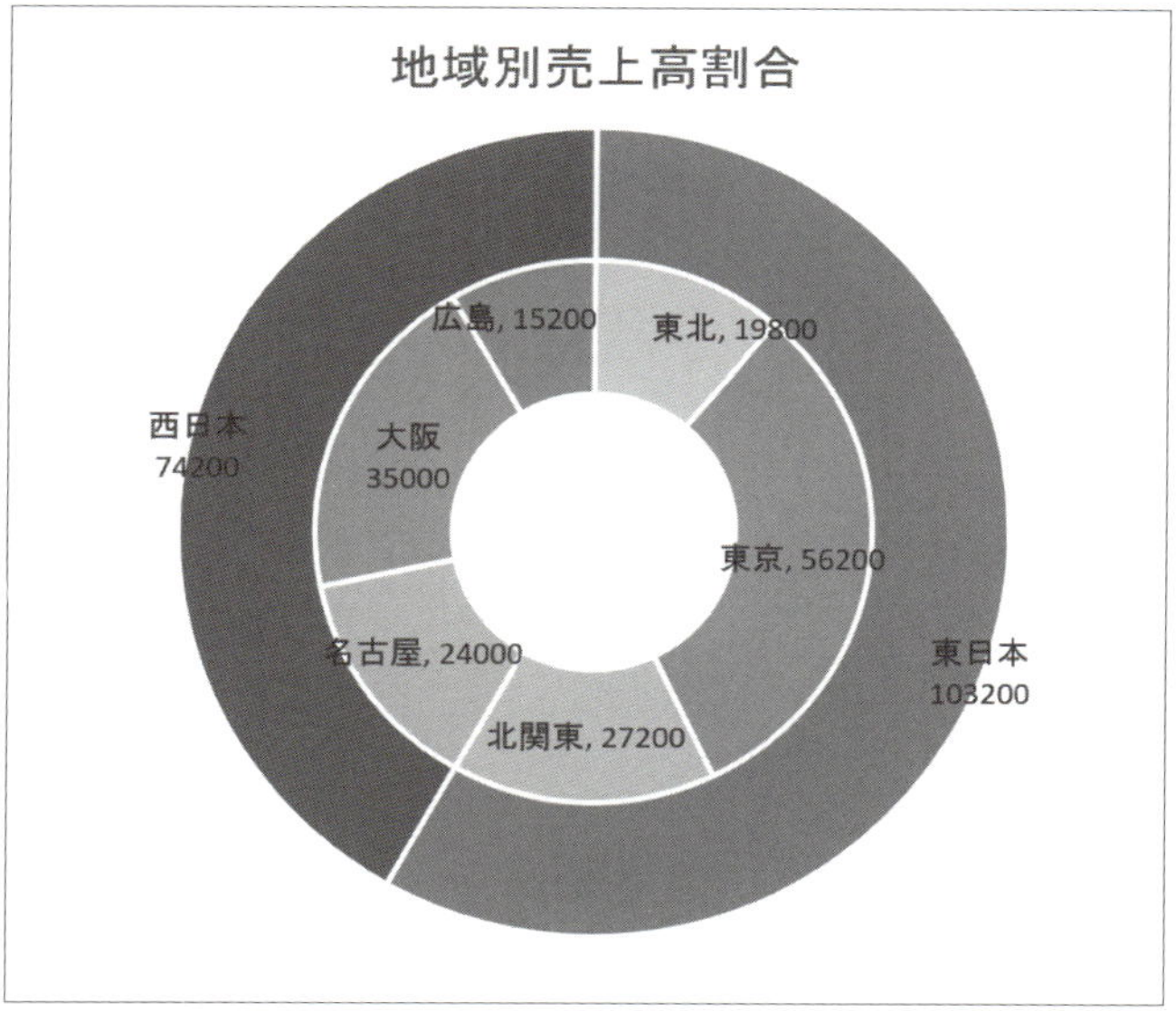

	売上高	地域合計
東日本		103200
東北	19800	
東京	56200	
北関東	27200	
西日本		74200
名古屋	24000	
大阪	35000	
広島	15200	

エクセルのデータは要素と項目を異なる行に分けておこう

コラム

グラフのマジックで人は簡単に騙される

グラフには、人を説得する力があります。非常に高いシェアを獲得しているとか、ぐんぐん業績が伸びているなど、一瞬で相手を感心させることができるのは、グラフならではの効果です。事実がいくら素晴らしくても、数字の羅列だけではそうはいきません。

しかし、真実を正しく表していないグラフも存在します。高い成長率を表しているように見えるグラフも、実は軸の取り方にトリックがある場合があります。軸の数値を細かく刻み、途中を省略すれば、小さな差でも大きく見せることができるのです。また、立体的な棒グラフは、パースによって迫力が出るため、実際の数値よりも強調された形で伝わります。

また、データそのものに問題がある場合もあります。例えば９割の人が「賛成」と答えたというグラフがあるとします。しかし、そもそも調査母体に偏りがあったとしたら、その割合は意味を持ちません。また、母数が著しく少ない場合も、信頼性に問題があります。

グラフの見た目を鵜呑みにせず、データの信憑性や数値そのものを確認して、正しい情報を得られるように気を付けましょう。また、事実を捻じ曲げるようなグラフを作らないことも大事です。

第4章

流石と思わせる社外文書の作り方

4-01

請求書は、営業の最重要ビジネス文書

お客様に費用の請求をしよう

▼必須情報のほかに入金期限も記載する

請求書は、商品の販売代金や完了した仕事に対する報酬を、販売相手やクライアントに要求するための文書です。

請求書の文書フォーマットは、これといって決められているわけではありません。少なくとも、「請求先（相手先の会社名）」「請求元（自社の情報）」「請求金額」「件名や商品名（何に対する請求か）」そして、請求日を明記します。取引先にもよりますが、入金確認のため、請求元連絡先（住所）と入金情報（振込方法など）も、一般的には必須情報です。

請求書を出す前に見積書を発行する場合は、**決定見積書と照合してから送付することで、記載ミスを防ぐ**ようにしましょう。

請求時期は、取引条件によって異なります。取引条件については、各社ごとに異なる可能性が高いので、事前に確認しておくことです。また、請求書は入金を受けるための文書ですから、必ず入金期限を記載し、期日までに入金されたか確認できるようにします。

一般的な請求書の例

請求書は、商品の販売代金や完了した仕事に対する報酬を、販売相手やクライアントに要求するための文書

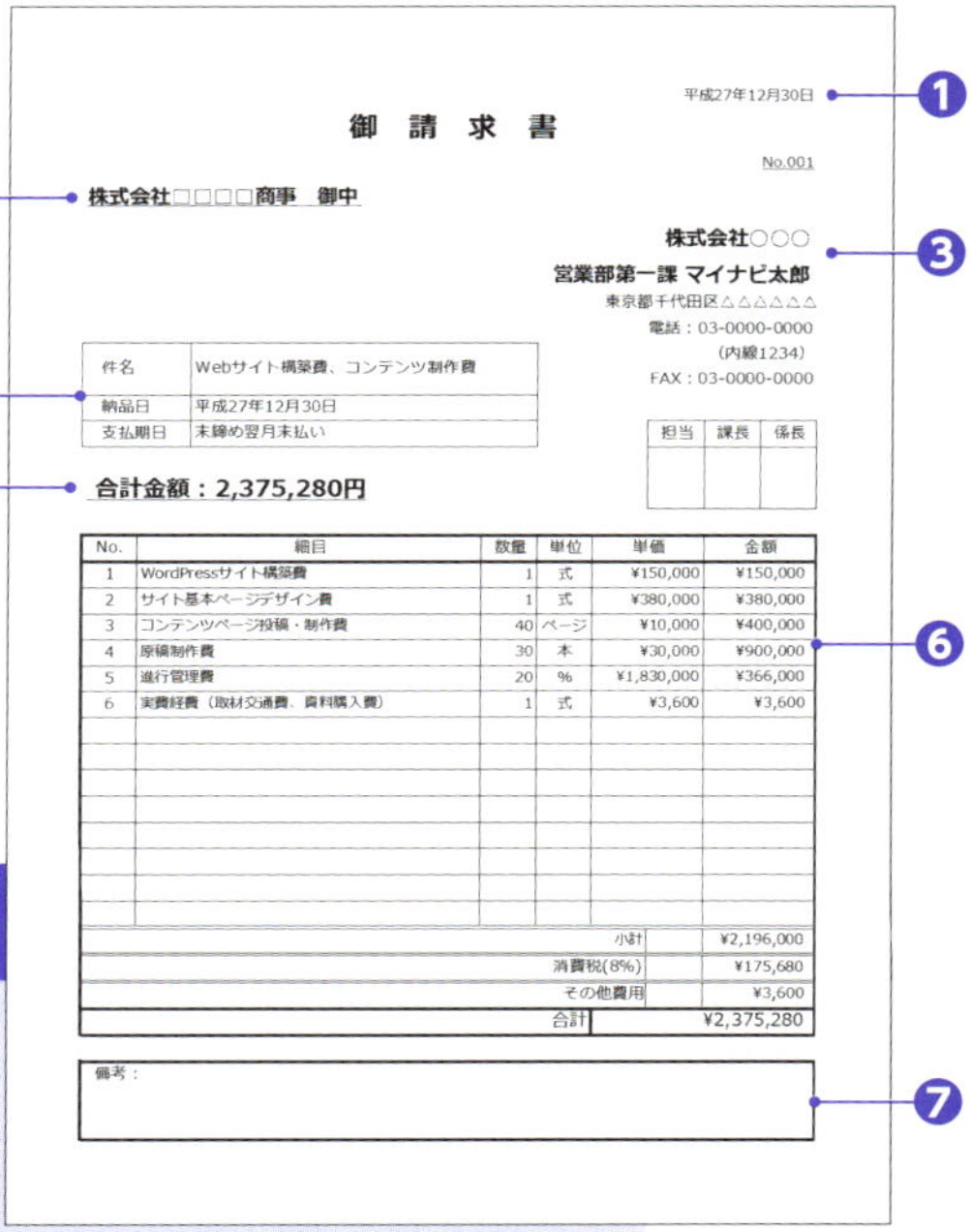

平成27年12月30日 ①

御　請　求　書

No.001

② 株式会社□□□□商事　御中

株式会社○○○ ③
営業部第一課 マイナビ太郎
東京都千代田区△△△△△△
電話：03-0000-0000
（内線1234）
FAX：03-0000-0000

件名	Webサイト構築費、コンテンツ制作費
納品日	平成27年12月30日
支払期日	末締め翌月末払い

④

担当	課長	係長

⑤ 合計金額：2,375,280円

No.	細目	数量	単位	単価	金額
1	WordPressサイト構築費	1	式	¥150,000	¥150,000
2	サイト基本ページデザイン費	1	式	¥380,000	¥380,000
3	コンテンツページ投稿・制作費	40	ページ	¥10,000	¥400,000
4	原稿制作費	30	本	¥30,000	¥900,000
5	進行管理費	20	%	¥1,830,000	¥366,000
6	実費経費（取材交通費、資料購入費）	1	式	¥3,600	¥3,600
				小計	¥2,196,000
				消費税(8%)	¥175,680
				その他費用	¥3,600
				合計	¥2,375,280

⑥

備考：

⑦

請求書に必要な項目

- ❶請求日
- ❷請求先名称
- ❸請求元（自社の情報）
- ❹件名、商品名
- ❺請求金額
- ❻請求科目、内訳
- ❼必要に応じて入金情報（振込方法）などを記載する

4-02

トラブルを防ぐ見積書の作り方

見積書はできるだけ正確に作る

▼言い値でトラブルに陥らないための文書

見積書は、製品を販売したり、仕事にしかかる前に、その対価を事前に見積もり、取引先へ知らせる書類です。見積書には、少なくとも、「請求先（相手先の会社名）」「請求元（自社の情報）」「見積金額」「件名や商品名（何に対する見積もりか）」を記載します。また、納品方法や納品期限、支払い条件（前払い／後払いか、支払い期限はいつか）なども記載します。

そして、得意先から見積書に承諾をもらうために、見積書の有効期限を記載しましょう。**提案に期限をつけることで、製品の値引率などを延々に引き延ばされないようにできます**。ある程度の大手では必ず作成する見積書ですが、得意先の中には、言い値でことを運んでしまう場合もあるかもしれません。しかし、契約書も見積書もなく受注を進めた結果、代金を受け取れなくなったり、値引きを強要されるなどトラブルが起きた際、事前の見積額を証明するものが必要です。見積書は必ず提出しておきましょう。

内容がわかりやすい見積書

見積書は、製品の販売価格や、
作業費用を事前に見積もり、取引先へ知らせる書類

平成27年12月30日 ①

御　見　積　書

No.001

② **株式会社□□□□商事　御中**

株式会社○○○
営業部第一課 マイナビ太郎 ③
東京都千代田区△△△△△△
電話：03-0000-0000
（内線1234）
FAX：03-0000-0000

④

件名	Webサイト構築費、コンテンツ制作費
支払条件	末締め翌月末払い
納品予定日	平成28年1月31日
納品形態	データ
有効期限	発行日より2週間

担当	課長	係長

⑤ **合計金額：2,375,280円**

⑥

No.	細目	数量	単位	単価	金額
1	WordPressサイト構築費	1	式	¥150,000	¥150,000
2	サイト基本ページデザイン費	1	式	¥380,000	¥380,000
3	コンテンツページ投稿・制作費	40	ページ	¥10,000	¥400,000
4	原稿制作費	30	本	¥30,000	¥900,000
5	進行管理費	20	%	¥1,830,000	¥366,000
6	実費経費（取材交通費、資料購入費）	1	式	¥3,600	¥3,600
				小計	¥2,196,000
				消費税(8%)	¥175,680
				その他費用	¥3,600
				合計	¥2,375,280

備考：

トラブルを避けるために、見積書は必ず提出しよう

見積書に必要な項目

①見積書提出日
②請求先名称
③請求元（自社の情報）
④件名、商品名、支払い条件、見積有効期限
⑤見積金額
⑥見積科目、内訳

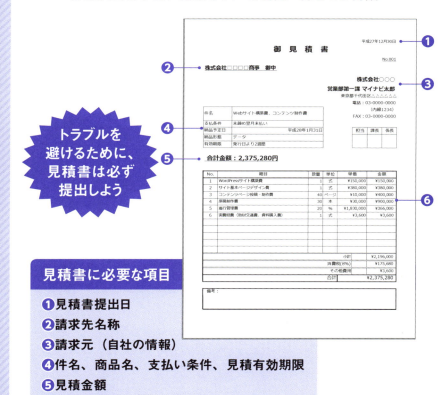

4-03

汎用性の高い送付状を作ろう

書類全般に使える送付状とは?

▼送付する書類を明確にする

送付状は、取引先やお客様宛に文書や商品などを送る際に添える書類です。送付状に決まった様式はありません。汎用性の高い書類ですので、**社内で統一フォーマットを作っておくと便利**です。

添え状ですので、あくまでもシンプルな構成を目指しましょう。必要な要素は「送付日付」「宛先」「送付元」の情報とその送付状の趣旨を表す見出しとなります。見出しは送付する内容により「書類送付のご案内」「商品見本送付のご案内」などのように変えましょう。

また、本文中には「どういう経緯で、何が送付されるのか」を明記します。そして最後に、送付物の詳細を列記する欄となります。

本文の挨拶は送付先が法人なのか、個人なのかによって変わりますが、季節の挨拶を入れなければ、2つのパターンを用意するだけで済みます。

また、送付物の列記は「記」と「以上」で囲むことを忘れないようにしてください。

送付内容がはっきりわかる送付状

送付状は、取引先やお客様宛に文書や商品などを送る際に添える書類

平成 27 年 12 月 8 日 ❶

❷ 株式会社　○○○○
○○部　○○○○様

△△△△株式会社
△△△△△事業部　△△△△
〒XXX-XXXX ❸
東京都千代田区□□□□□□□
電話：03-0000-0000
FAX：03-0000-0000

書類送付のご案内

拝啓　貴社いよいよご清祥のこととお喜び申し上げます。平素は格別のお引き立てをいただき、厚く御礼申し上げます。

　このたびは弊社カタログをご請求いただきまして、誠にありがとうございました。つきましては、下記のとおり、ご希望の書類をお送り致しますので、ご査収のうえ、よろしくお取り計らいくださいますようお願い申し上げます。

　時節柄、ご自愛のほどお祈り申し上げます。

敬具

記

1.　2016 年モデル総合カタログ　1 冊
2.　ユーラシア大陸探訪記　1 冊
3.　キッズモデルカタログ　1 冊 ❹

以上

送付状に必要な項目

❶送付日
❷送付先名称
❸送付元（自社の情報）
❹送付内容

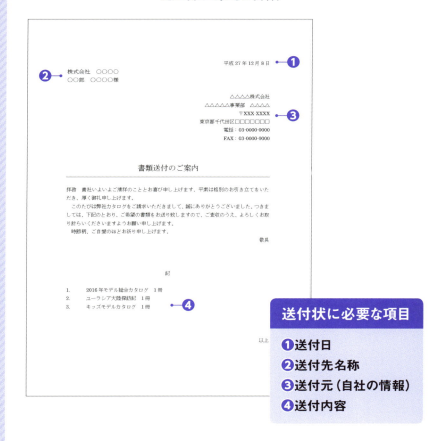

4-04

請求書の送付状はここに注意

請求書専用の送付状の作り方

▼請求時に日頃のご愛顧への感謝を表す

請求書送付状は、請求書を送る際に添える書類です。

請求書本体に、簡単なご挨拶が入る場合には送付状は不要となりますが、**今回の請求に結びつくご依頼をいただいたことへの感謝の気持ちを込めて、送付状を添えましょう。**

基本的には、前項の「送付状」を流用することができますが、書類送付の大半を占める請求書送付専用の送付状を作成しておくと便利です。

請求書送付状に必要な要素は「請求日」「請求先名称」「送付元」「件名」「請求概要」「送付項目」となります。

送付元は、見積書に記載してある部署と名前を記入するといいでしょう。請求概要には、「○月分の請求」や「□□案件の請求」など概要がわかるように記載します。

こちらも最後に、送付物の列記は「記」と「以上」で囲むことを忘れないようにしましょう。

請求内容の概要がわかる請求書送付状

請求書送付状は、請求書を送る際に添える書類

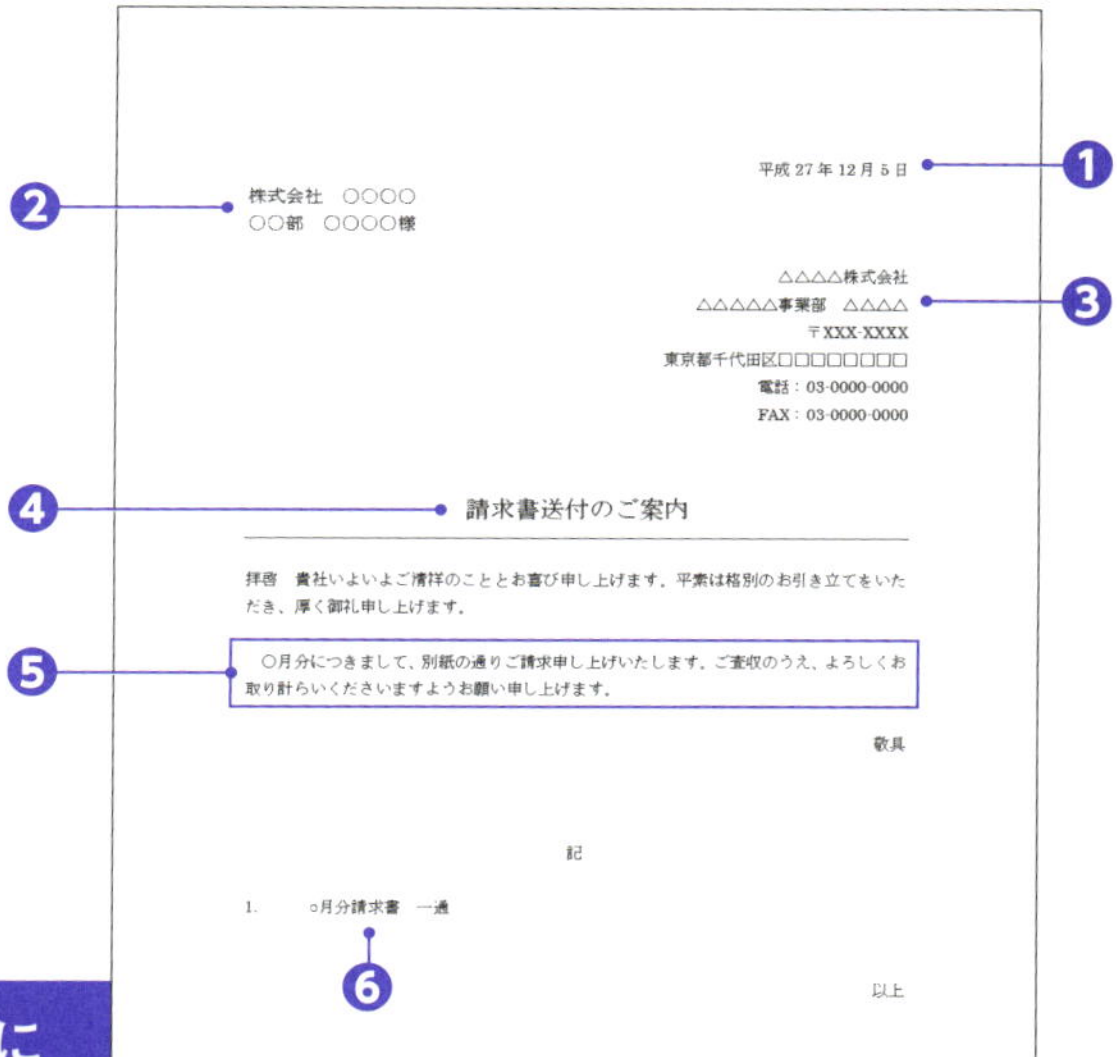

請求書送付状に必要な項目

❶請求日
❷請求先名称
❸請求元（自社の情報）
❹見出し
❺請求概要
❻送付項目

4-05

見積書の効果を高める送付状とは？

見積書専用の送付状

▼送付状は大事な営業ツール

見積書送付状は、見積書を送る際に添える書類です。見積書送付状に決まった書式はありません。見積書は、これからのご注文をいただくための大事なスタートです。**お客様からのご依頼を勝ち取るための営業ツール**として活用しましょう。

基本的には、前項の「請求書送付状」を流用することができますが、こちらも頻繁に送付する書類ですので、専用の送付状を作成しておくと便利です。

見積書送付状に必要な要素は、「請求書送付状」の項目に加えて、「見積書に関する問い合わせ先」を記載しましょう。見積書右上の「見積元（自社の情報）」にも連絡先は記載されますが、ここでは、今回の見積の担当者を示すという意味もあります。こちらには、内線番号やダイヤルインなど担当者に直接繋がる番号がある場合には、記載しましょう。

見積全額が他社との競合となっているかもしれません。その選定過程での問い合わせ先となりますので、携帯電話番号などいつでも繋がる番号を記載するのも一つの方法です。

見積書の概要がわかる見積書送付状

見積書送付状は、見積書を送る際に添える書類

見積書に関する問い合わせ先を入れよう

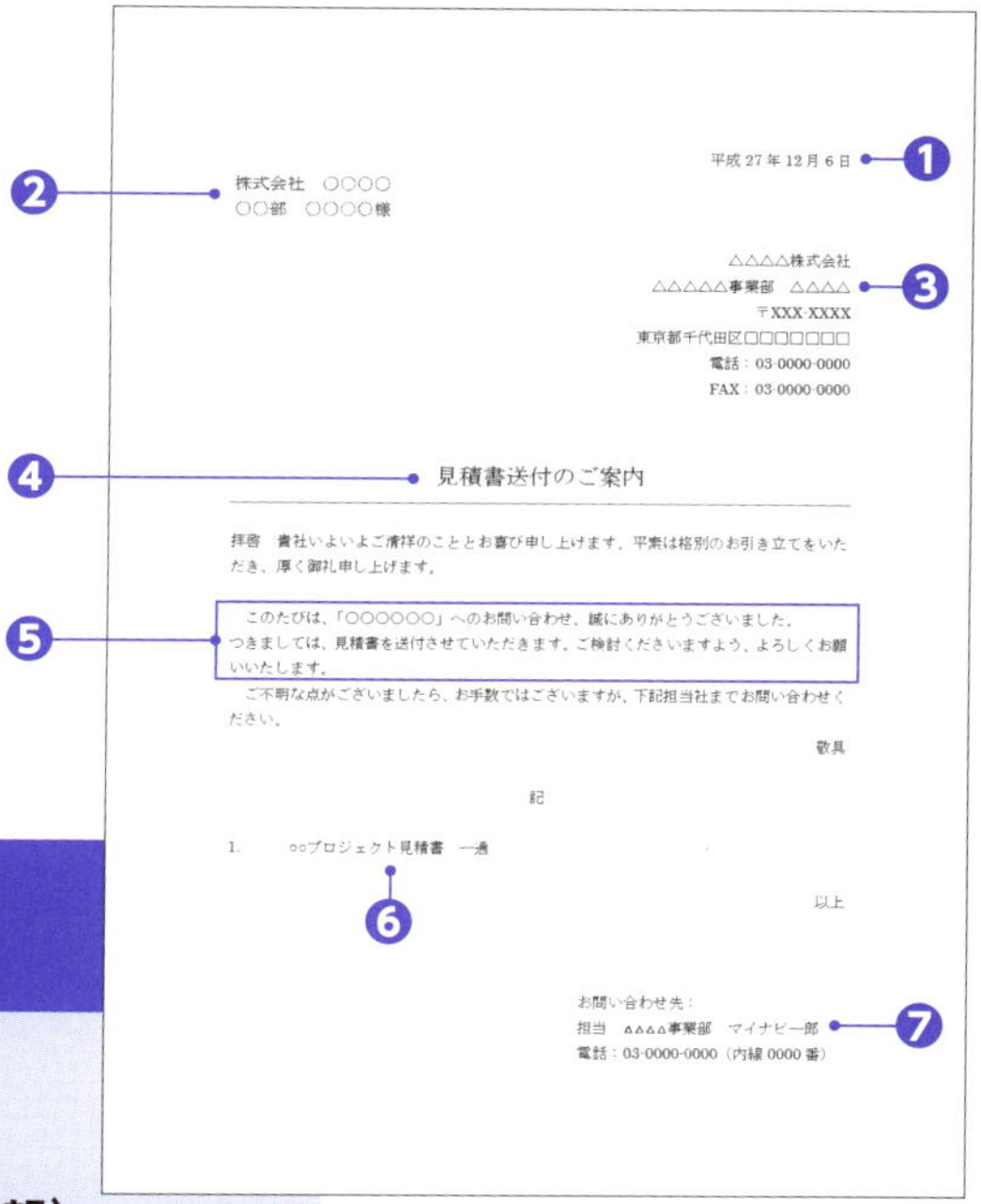
平成 27 年 12 月 6 日

株式会社　○○○○
○○部　○○○○様

△△△△株式会社
△△△△△事業部　△△△△
〒XXX-XXXX
東京都千代田区□□□□□□□
電話：03-0000-0000
FAX：03-0000-0000

見積書送付のご案内

拝啓　貴社いよいよご清祥のこととお喜び申し上げます。平素は格別のお引き立てをいただき、厚く御礼申し上げます。

このたびは、「○○○○○○」へのお問い合わせ、誠にありがとうございました。
つきましては、見積書を送付させていただきます。ご検討くださいますよう、よろしくお願いいたします。

ご不明な点がございましたら、お手数ではございますが、下記担当社までお問い合わせください。

敬具

記

1.　○○プロジェクト見積書　一通

以上

お問い合わせ先：
担当　△△△△事業部　マイナビ一郎
電話：03-0000-0000（内線 0000 番）

見積書送付状に必要な項目

❶見積日
❷送付先名称
❸送付元（自社の情報）
❹見出し
❺送付内容
❻送付項目
❼見積もりに関する問い合わせ先

4-06

ＦＡＸ送信の際にヘッダーを付けよう

ＦＡＸで文書送信する際の専用送付状

▼送信するＦＡＸ文書の表紙

ＦＡＸ送付状は、送信する文書の概要がわかるように添付する書類です。通常は1枚目として送信します。これは、送信される全書類のうち、何枚までが届いたかを確認してもらうためです。**送信枚数と実際の受信枚数が異なっていることがわかれば、再送信や追加送信などの措置を講じることができます。**

ＦＡＸ送付状には、「送信日時」「送信元の情報」「送信先の情報」を記載します。また、簡単な挨拶文を添えるのもいいでしょう。そして、送信内容として「送信枚数」を記載します。送信枚数は「全部で何枚なのか？」「文書本体だけの枚数なのか？」をはっきりさせるため「本紙を含む」として、ＦＡＸ送付状を含めた枚数を記載しましょう。

これらに加え「通信欄」を設け、送付するＦＡＸの内容を記入します。文書の送信ではなく簡単な通信を目的とする場合などは、この通信欄に本文を記載することができます。この場合、ＦＡＸ送付状のみを送信することで通信は完結します。

情報をシンプルにまとめたFAX送付状

FAX送付状は、送信する文書の概要がわかるように添付する書類。通常は1枚目として送信する

送信日は、▼をクリックしてカレンダーから選ぶ

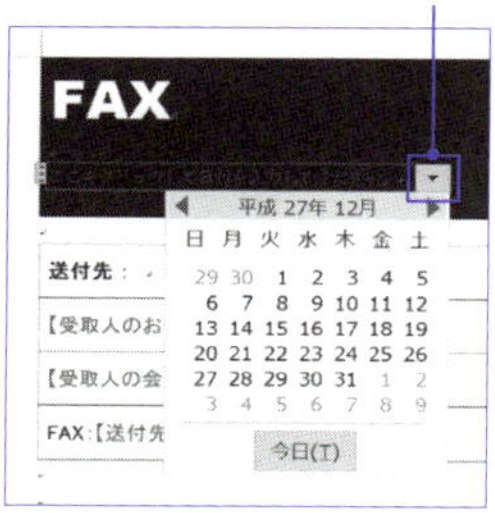

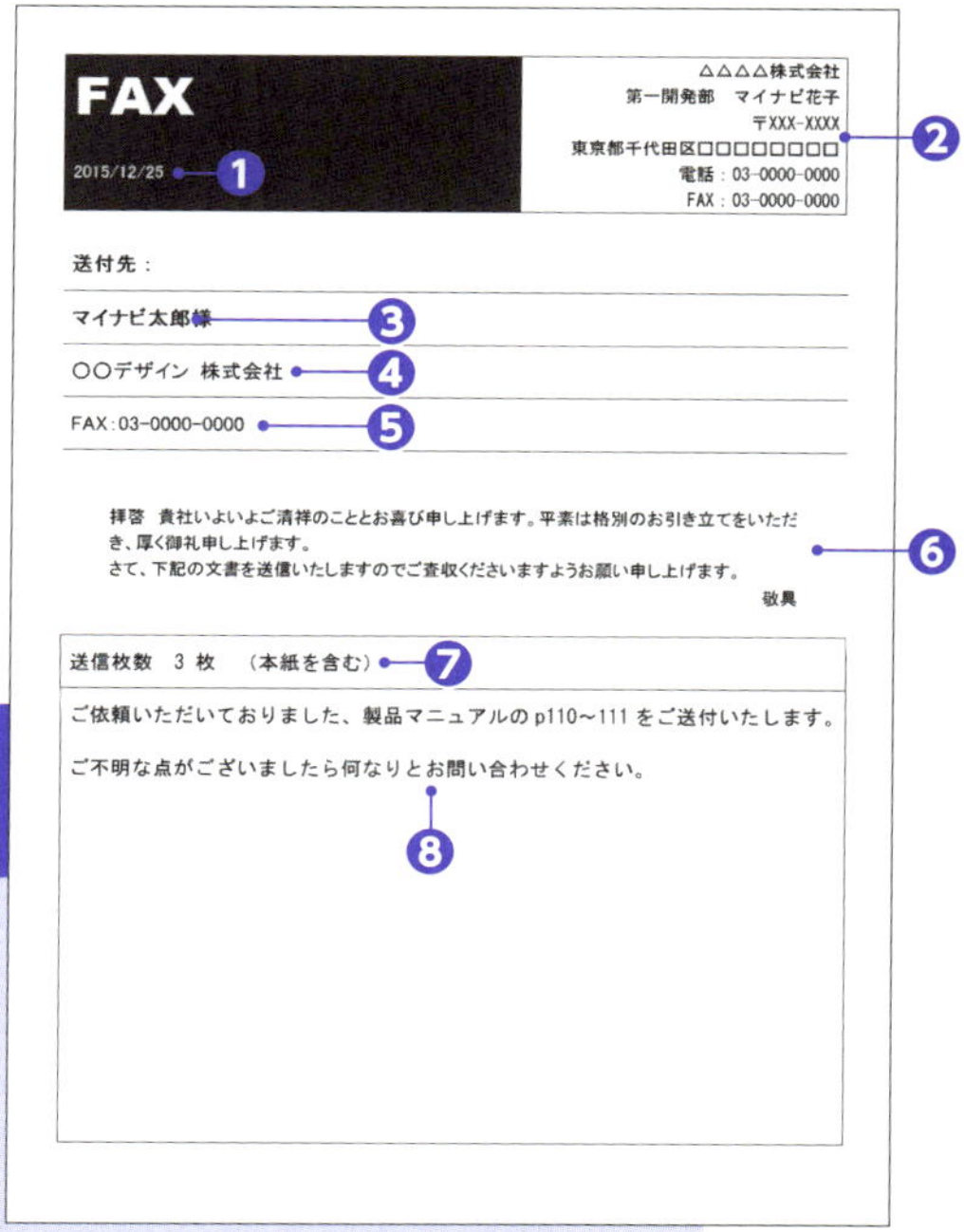
FAX
2015/12/25 ❶
△△△△株式会社
第一開発部　マイナビ花子
〒XXX-XXXX
東京都千代田区□□□□□□□□
電話：03-0000-0000
FAX：03-0000-0000 ❷

送付先：
マイナビ太郎様 ❸
〇〇デザイン 株式会社 ❹
FAX:03-0000-0000 ❺

拝啓　貴社いよいよご清祥のこととお喜び申し上げます。平素は格別のお引き立てをいただき、厚く御礼申し上げます。
さて、下記の文書を送信いたしますのでご査収くださいますようお願い申し上げます。
敬具 ❻

送信枚数　3 枚　（本紙を含む） ❼
ご依頼いただいておりました、製品マニュアルのp110～111をご送付いたします。
ご不明な点がございましたら何なりとお問い合わせください。 ❽

FAX送付状に必要な項目

❶送信日
❷送信元（自社の情報）
❸送信先氏名
❹送信先社名
❺送信先FAX番号
❻送信に際しての挨拶（変更不要）
❼送信枚数（本紙を含んだ枚数を記入）
❽通信欄。この通信欄だけで用件が完了することもある

4-07

信頼を失わないお詫び状の作り方

原因報告と再発防止を誓おう

▼包み隠さず原因を報告し、今後の不安を取り除く

さまざまな理由で取引先やお客様に迷惑をかけてしまうことがあります。迷惑をかけたときには、速やかにお詫びをすることが肝心です。これまでの努力で獲得した**信頼を損なわないためにも、真摯な態度で謝罪の気持ちを表しましょう。**

お客様とのつきあいの深さや、かけてしまった迷惑の度合いによっては直接謝罪をしなければならないときもあります。ここでは、書面のみで謝罪を行う場合のお詫び状について考えてみます。お詫び状に必要な要素は「お詫びの言葉」「原因」「再発防止への誓い」です。

お詫びの言葉には「迷惑の要因」を挙げ、謝罪の言葉につなぎます。要因としては「弊社製品の不具合」「経理処理の誤り」など概要を挙げます。これに対して「原因」については、できるだけ詳細に報告しましょう。報告書を別添する場合はその旨を記載します。包み隠さず説明することが、謝罪の態度として表れます。最後に「再発防止」を誓い、今後も依然と変わらぬおつきあいをいただけるようにお願いして終わります。

お詫び状の例

お詫び状は、迷惑をかけた相手に書面でお詫びをする際の文書。信頼を損なわないために、正確な原因の報告と、真摯な態度での謝罪の表明を行う

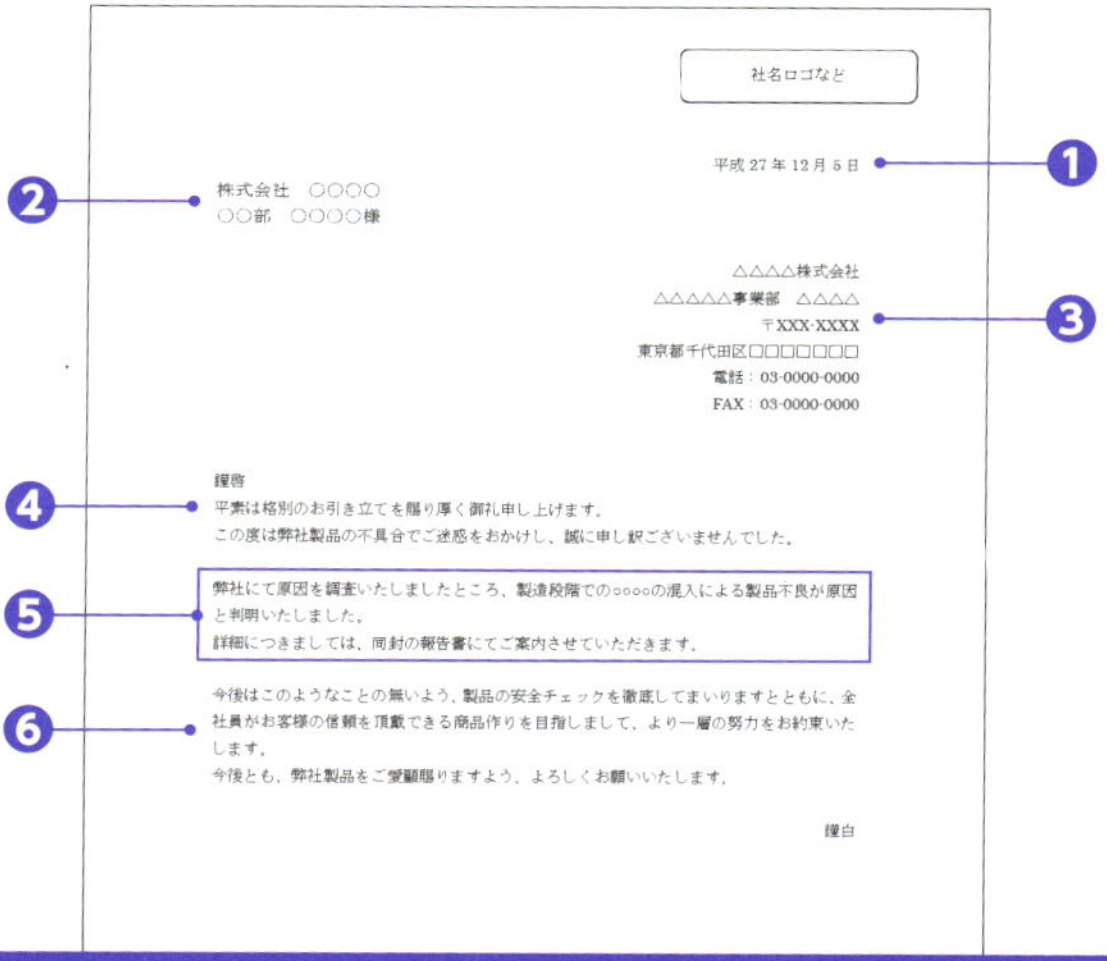

お詫び状に必要な項目

❶送付日

❷送付先

❸送付元（自社の情報と、お詫びをする者の氏名、捺印）

❹挨拶（お詫びの内容によって変更する）

❺不具合などの原因、調査結果など

❻再発防止への誓い

4-08

お客様からの苦情に文書で返答しよう

サービスへの苦情に対するお詫び状の作り方

▼苦情はお客様からいただいていることを忘れない

個人のお客様を相手にするサービス業などでは、ちょっとしたサービスの行き違いや、従業員の応対でお客様を怒らせてしまうことがあります。最近は、クレーマーというジャンルに分類されるような事例もありますし、金品の要求が目的の場合もあります。手に負えないと思ったら無理をせず、警察や専門の機関などに相談する決断も大切です。

それらは特別な例として、お客様からサービスに対しての苦情をいただいた場合には、**速やかに謝罪することが必要**です。接客によるサービス業の場合には、お客様への直接の謝罪が基本となりますが、文書による謝罪の際の文面について考えてみます。

苦情の原因が「サービス」という主観に大きく依存する要素の場合は、原因の特定は困難です。そんな場合は無理に原因を特定するよりも、真摯に謝罪の気持ちを伝えることに比重を置きましょう。最後に「再発防止」を誓い、今後も依然と変わらぬおつきあいをいただけるようにお願いして終わります。

お詫び状（苦情への返答）の例

原因の特定ができない苦情には
無理に原因特定をしなくてもOK

社名ロゴなど

平成 27 年 12 月 5 日 ❶

❷ ○○○○様

△△△△株式会社
△△△△△事業部　△△△△印
〒XXX-XXXX ❸
東京都千代田区□□□□□□□□□
電話：03-0000-0000
FAX：03-0000-0000

拝啓 平素は格別のお引き立てを賜り、誠にありがとうございます。

先日は、お忙しい中、足をお運びいただきまして誠にありがとうございました。
せっかくご来店いただきましたのに、弊社従業員のお客様へのご無礼な対応により、不快な
❹ 思いをさせてしまいましたこと、謹んでお詫び申し上げます。
ご指摘いただきました点につきましても、弁解の余地もございません。重ねてお詫びを申し上げます。

❺ 今後このようなことのないよう、全社員がサービスの向上に誠心誠意努力をしてまいる所存でございます。

❻ まことに勝手なお願いではございますが、今後とも当店をご愛顧下さいますよう、どうぞ宜しくお願い申し上げます。

敬具

苦情へのお詫び状に必要な項目

❶送付日
❷送付先
❸送付元（自社の情報と、お詫びをする者の氏名、捺印）
❹お詫び文
❺再発防止への誓い
❻今後も変わらぬおつきあいをいただくためのお願い

4-09

社葬のお知らせを送る

葬儀通知状で社葬を知らせる

社葬は不幸の中でも会社が盤石であることの証明

会社にとって特別な貢献をした人の葬儀を社葬として行うことがあります。現職の社長や会長などに加え、創業者なども対象となるようですが明確な基準はありません。

社葬の告知は通常、郵便ハガキで行います。これは葬儀業者が用意する場合が多いため、ここでは一般の文書として社葬を通知する「葬儀通知状」の作成について考えてみます。

FAXでの送信なども考慮して、用紙サイズA4の横書きとしましたが、通常の葬儀通知状は縦書きが多いようです。必要な要素は「故人」についての情報です。「どんな立場の」「誰が」「いつ亡くなったのか」となります。葬儀の日時の情報は、葬儀社から指示される通りに記載します。**社葬の場合は葬儀と告別式を分けて行うことがありますが、葬儀通知状ではそれぞれの時間を記載**します。

また、社葬の場合には遺族の代表者である喪主のほかに、葬儀委員長を置き、施主の企業の代表者がつとめますので、両方記載します。

葬儀通知状の例

社葬の告知は通常、葬儀業者が用意する郵便ハガキで行われる。ここで紹介するのは、それ以外の方法で社葬を通知する場合の文書例

平成 27 年 12 月 3 日 ❶

❷ 各位

△△△△株式会社
代表取締役△△△△ ❸

訃報

❹ 弊社 代表取締役会長 △△△△ 儀 病気療養中の処 □□月□□日午前□時□□分に永眠致しました（享年 70）

ここに生前のご厚誼に深謝申し上げ謹んでご通知申し上げます

❺ 通夜ならびに密葬は近親者にて相済ませました
おって葬儀及び告別式は社葬をもって下記の通り執り行います

一、葬　儀　□□月□□日（△曜日）午後□時～□時
❻ 一、告別式　□□月□□日（△曜日）午後□時～□時
一、場　所　○○○寺（東京都千代田区一ツ橋一丁目 1 番 1 号）

△△△△株式会社
喪　　主　○○○○
葬儀委員長　△△△△

誠に勝手ながらご香典 ご供花 ご供物の儀は固くご辞退申し上げます

お問い合わせ先　△△△△株式会社
総務部 山田
03-0000-0000（内線 1234） ❼

以上

葬儀通知状に必要な項目

❶送付日
❷送付先（「各位」で変更不要）
❸送付元（社葬の案内は通常、代表者名で送付）
❹訃報の内容
❺葬儀に関しての特別な情報があれば記載
❻日程、葬儀場の案内
❼問い合わせ先（担当者名と連絡先）

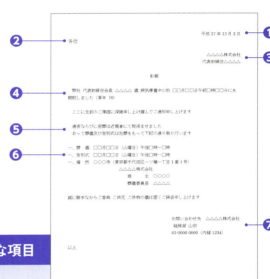

4-10

今後につながる訪問礼状の作り方

送付するタイミングも大切

▼今日の出会いを大きく発展させるための小さな一歩

電話や手紙などのアポイント営業が結実し、訪問してお話を聞いてもらうことができたら、すぐに訪問礼状をお送りしましょう。最近は、メールでの訪問礼状も一般的になってきていますが、基本的な要素は文書での礼状と同じです。

必要な要素は「訪問時に伺った宿題への回答の約束」です。訪問時に得た相手の要望を検討して、すぐに回答するということを明確にしましょう。いつまでにという期限が決まっている場合には、期限内で提出できる日程を決めて再提案を約束します。

もっとも**重要な要素は、再提案時に再び訪問させていただくことをお願いする**ことです。再度の訪問のきっかけを作っておくことが、今後の大きな発展のための第一歩です。

また、社交辞令ではありますが、自社への訪問もお願いすることを忘れないようにしてください。

訪問礼状の例

他社への訪問後は、すぐに訪問礼状でお礼を伝えよう。
今日の出会いを大きく発展させるための一歩

❶ 平成 27 年 11 月 21 日

❷ 株式会社　○○○○
○○部　○○○○様

❸ △△△△株式会社
△△△△△事業部
マイナビ太郎 印

拝啓　貴社いよいよご清祥のこととお喜び申し上げます。平素は格別のお引き立てをいただき、厚く御礼申し上げます。
　さて、このたびの貴社訪問に際しましては、ご多忙中にもかかわらず貴重なお時間をいただき、誠にありがとうございました。

❹ 　頂戴いたしましたご意見、ご要望を社内で検討いたしまして、近日中に改めてご提案をさしあげる所存でございます。

　新たなご提案が完成いたしましたら、またご都合を伺い参上したいと存じますので、その節は何卒よろしくお願い申し上げます。

❺ 　また、お近くにお越しの際は、ぜひ弊社にもお立ち寄りいただければ幸いです。

敬具

訪問礼状に必要な項目

❶送付日
❷訪問先
❸送付元（自社および自分の情報）
❹伺った際に約束したことの確認
❺自社への訪問のお願い

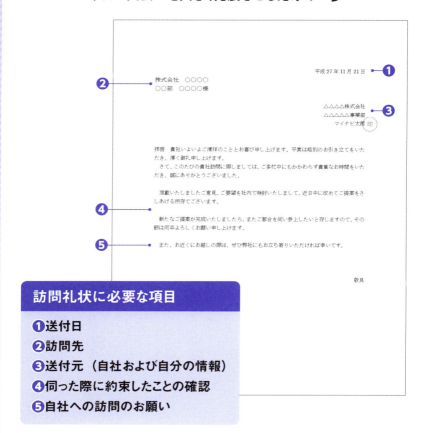

4-11

いただいた贈り物のお礼をしよう

お祝いなどの贈り物への礼状

▼良好な関係を今後も続けるために

新規出店に事務所移転、はては株式公開など、取引先からお祝いをいただくきっかけはたくさんあります。それがどんなにささやかなお祝いでも、**すぐにお礼状をお返しする**ことにしましょう。

お礼状に様式や決まりはありません。通常の形式でお礼をしてください。必要な要素の最初は「宛名」です。贈り主が個人の場合には宛名は個人名となります。贈り主が法人の場合、法人に属する誰が贈り主かはっきりしている場合は、その方の「社名」「所属」とともに個人名を宛名とします。また、贈り主が「社員一同」の場合には、礼状の宛名は「社員御一同様」としてください。

最後に、今後の良好なおつきあいについてのお願いと、相手先の繁栄を願う文で結びましょう。

贈り物への礼状の例

良好な関係を続けるために、
お祝いをいただいたらすぐにお礼状を送付しよう

平成27年11月21日 ❶

株式会社　○○○○
○○部　○○○○様 ❷

△△△△株式会社 ❸
△△△△△事業部
マイナビ太郎 印

謹啓　貴社いよいよご清祥のこととお喜び申し上げます。平素は格別のお引き立てをいただき、厚く御礼申し上げます。

この度は弊社移転に際しまして、ご丁重なご祝詞とお祝いの品を頂戴いたしましたこと、厚く御礼申し上げます。
このご恩に報いるためにも、社員一同より一層の努力をしていく覚悟でおりますので、どうか今後とも倍旧のご支援を賜ります様お願い申し上げます。 ❹
末筆ではございますが、皆様のますますのご繁栄をお祈りし、略儀ながら書中をもって御礼申し上げます。

謹白

お祝いの礼状に必要な項目

❶送付日
❷贈り主。贈り主が「社員一同」の場合には、礼状の宛名は「社員御一同様」とする
❸送付元（自社および自分の情報）
❹今後も良好なおつきあいを続けていくためのお願い

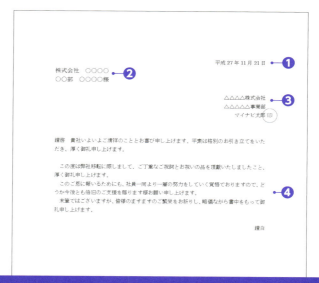

4-12 お披露目会の招待状を作ろう

大切なお客様をご招待しよう

▼社員一同でお待ちしていることを伝える

新社屋の落成記念式典などにお客様をご招待する際には通常、招待状を送付します。規模の大きな式典の場合には、上質な紙に印刷した招待状を使用しますので、ビジネス文書とは少々趣が異なります。ですが、ここではメールやFAXでの送付用途も考慮して、招待状を文書として作成する場合を考えてみます。

必要な要素は、「招待者名」です。招待状は一通で一人しか招待できないという決まりはありません。相手先の社員一同を招待する場合は、「御一同様」とすることができます。次に、招待状の見出しです。「新社屋お披露目会のご案内」といったように招待する式典に名前がついている場合は、それを明記します。

招待状が通常の文書と異なるのは、**送付者の名前ではなく主催者の名前を記載する**ことです。新社屋の落成記念式典などの場合は、会社の社長などを主催者として記載します。そして、最後に式典の詳細を記載して文書は完成します。

お披露目会などへの招待状の例

規模の大きな式典の場合には、上質な紙に印刷した招待状を使用する。ここではメールやFAXでの送付用途も考慮した、招待状例を紹介する

❶

株式会社マイナビ物産
代表取締役　○○○○様

❷

新社屋お披露目会のご案内

❸

謹啓　新春の候、貴社ますますご繁栄のこととお慶び申し上げます。平素は格別のお引き立てにあずかり、厚く御礼申し上げます。

さて、かねてより建設を進めてまいりました小社新社屋がこのたび無事完成いたしました。これもひとえに皆様のお引き立ての賜物と社員一同感謝しております。

つきましては、これまでご支援いただきました皆様をお招きしまして、下記のとおり、ささやかな落成披露パーティーを催したく存じ、ご案内申し上げます。ご多忙中まことに恐縮ですが、何とぞご臨席賜りますよう、謹んでお願い申し上げます。

まずは、略儀ながら、書中をもって新社屋落成のご挨拶かたがたご案内を申し上げます 。

謹白

❹

△△△△株式会社
代表取締役社長　マイナビ隆太郎
代表取締役副社長　マイナビ浩二郎

❺

記

日時：平成28年2月2日　午後5時～午後7時
場所：当社新社屋　1階
〒101-0003
東京都千代田区□□□□□□□□□
新社屋へのご案内は、別紙の地図もご参照ください。

以上

おもてなしの気持ちを伝えよう

招待状に必要な項目

❶招待者名
❷招待する会の名称を入れた文書の名前
❸招待する会についての紹介と、お誘い
❹会の主催者。全社規模の会の場合は、代表者名とする
❺開催日時、場所など会に関する情報

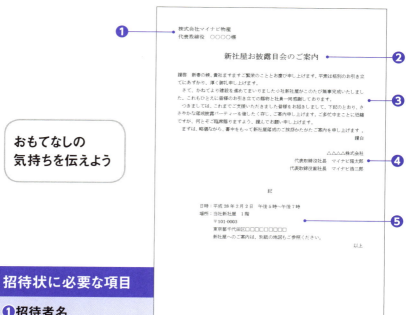

4-13

新製品発表会の案内を送ろう

案内状でお客様を集める

▼たくさんのお客様にお越しいただくために

新製品の発表会などにたくさんのお得意様をご招待したい時には、「新製品発表会の案内」という形でご招待する方法があります。内容は発表会の開催案内ですが、文中に来場をお願いする文言を入れることで招待状としての機能を持たせることができます。

宛名は特別な誰かではなく「お得意様各位」などのようにすることで、数多くのお得意様に送付することができます。頭語の後の挨拶は「時下」で始まるものを用いることで、季節の挨拶を省略し、一年中同じフォーマットを使い回すことができます。また、挨拶文本体も個人、法人を問わず使えるものとすることで、送付のたびの修正が不要です。

重要な項目は、発表会のトピックです。**会場では何が行われるか、来場することでどんなメリットがあるのかを明確に**します。そして、来場をお願いする文章で結ぶことで、来場を促す招待状としての機能を期待します。最後に、開催日時や場所などの案内も忘れないようにしてください。

案内状の例

新製品発表会開催を知らせて、来場するメリットを伝えよう

平成 27 年 12 月 8 日

❶ お得意様各位

△△△△株式会社 ❷

❸ 新製品発表会開催のご案内

謹啓　時下ますますご盛栄のこととお慶び申し上げます。平素は弊社製品をご愛顧いただき、誠にありがとうございます。

さて、この度弊社では、2016 年度の新製品ラインナップを取りそろえた新製品発表会を下記の通り開催いたします。

会場では、新製品をはじめ、すべての弊社製品を実際に手にとってお試しいただくことができます。❹

ご多忙のところ恐縮ではございますが、何卒、ご来臨をいただけますようお願いいたします。

略儀ながら書中をもちましてご案内申し上げます 。

謹白

記

日時：平成 28 年 1 月 15 月　15：00 より
場所：弊社ショールーム ❺
〒101-0003
東京都千代田区□□□□□□□□□□□□□
東京メトロ半蔵門線、都営新宿線 神保町駅 徒歩 5 分

お問い合わせ
営業部販売推進課　03-0000-0000 ❻

以上

案内状に必要な項目

❶招待者名。お客様に送信する文書では「お客様各位」とする
❷主催者名称。自社名
❸ご案内する会の名称を入れた、この案内状のタイトル
❹会に来ていただくことで、お客様にどんなメリットがあるのか
❺開催日時、場所など会に関する情報
❻会についての問い合わせ先

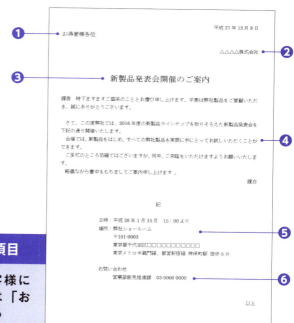

4-14 事務所の移転を知らせよう

事務所移転案内状で連絡先の変更も伝える

▼重要なことは場所と連絡先の変更

事務所などの移転の案内は、通常上質の紙に印刷した案内状を作成し、関係各所に送付します。ここではメールやＦＡＸでの送付用途も考慮して、事務所移転案内状を文書として作成する場合を考えてみます。

事務所移転案内状の目的は、事務所の「場所」と「連絡先」の変更を伝えることです。「場所」は変更になったが「連絡先の電話番号」などが変わらない場合は、「変わりません」ということを明記する必要があります。連絡先が変更となる部署が多い場合などは、一枚の文書に納めずに「電話番号・ＦＡＸ番号の変更一覧」の書類を別添することも検討しましょう。移転先のおおよその場所がつかめるように、簡単な地図を付けたり、最寄り駅の案内をしたりすることも重要です。**いつから新住所と新連絡先に変更になるのかの日程の記載**も忘れないようにしましょう。

また、案内状の送付元は社長とするのが一般的です。

事務所移転案内状の例

通常、事務所の移転案内は、上質な紙に印刷した事務所移転の挨拶状を、ハガキまたは封書で送付する。ここではメールやFAXでの送付用途も考慮した、事務所移転案内状の例を紹介する

①

事務所移転のご案内

②

謹啓　貴社ますますご清栄のこととお慶び申し上げます。

平素は格別のお引き立てを賜り誠にありがたく厚く御礼申し上げます
　さて、このたび弊社は、下記に移転することになりましたので謹んでご案内申し上げます。

　これを機に社員一同より一層の努力をしてまいりますので、今後とも倍旧のご支援ご厚情を賜りますようよろしくお願い申し上げます。

　まずは略儀ながら書中をもってご挨拶申し上げます　　謹言

平成〇〇年〇月

③

株式会社マイナビ物産
代表取締役社長　マイナビ隆太郎

記

④

移　転　日　：平成28年1月31日
移　転　先　：〒101-0003
東京都千代田区□□□□□□□□□
新代表番号　：　03-0000-0000
新 FAX 番号　：　03-0000-0000

⑤

各部新電話番号／FAX番号
営業1部：電話　03-0000-0000／FAX 03-0000-0000
営業2部：電話　03-0000-0000／FAX 03-0000-0000
国 際 部：電話　03-0000-0000／FAX 03-0000-0000
法 務 部：電話　03-0000-0000／FAX 03-0000-0000
総 務 部：電話　03-0000-0000／FAX 03-0000-0000
経 理 部：電話　03-0000-0000／FAX 03-0000-0000

最　寄　駅　：東京メトロ半蔵門線、都営新宿線、神保町駅（徒歩5分）

以上

事務所移転案内状に必要な項目

❶案内状のタイトル
❷移転のご挨拶
❸社名・代表者名
❹移転日、移転先住所、新しい代表電話番号、新しいFAX番号
❺各部署ごとに変更となる電話番号がある場合は記入する

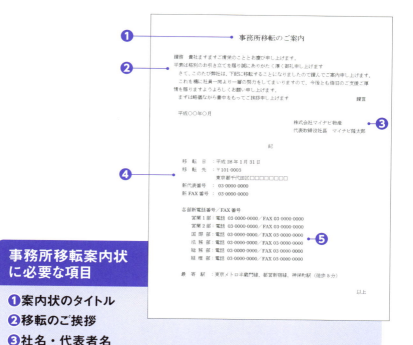

4-15

リピーターにする購入礼状の作り方

丁寧な印象を与えよう

▼さらなる信用の獲得を目指す

通信販売などで商品を購入したお客様に、商品送付の添え状として購入礼状を添付しましょう。購入礼状に、購入した商品のリストを記載することで、簡易の納品書とすることもできます。

購入礼状に必要な要素は、購入したお客様の「氏名」です。購入商品のリストを記載しない場合は、お客様名の箇所をアンダーラインのみとして印刷後名前のみを手書きする方法もあります。これは、製品の扱いなどに丁寧な印象を持ってもらえるということで、行っている通販店舗が多いようです。また、商品についての問い合わせ先として、会社名に加えて担当者名や電話番号などを記載することも、お客様に好印象を与えることができるでしょう。

信用を得づらい通信販売では、一度信用してもらえるとそれは強固なものとなります。**購入礼状を次回の営業につなげるツールとして活用**しましょう。

購入礼状の例

商品送付の添え状として購入礼状を添付しよう。
購入商品のリストを記載することで、簡易の納品書とすることもできる

社名ロゴなど

平成 27 年 12 月 5 日

❶ ＿＿＿＿＿＿＿＿様

お買い上げありがとうございます

謹啓　時下ますますご健勝のこととお慶び申し上げます。

　このたびは弊社の＿＿＿＿❷＿＿＿＿をお買い上げいただきまして、誠にありがとうございます。

　今後ともお客様のご要望にお応えしていけますよう一層の努力を重ねてまいる所存でございます。弊社製品を末永くご愛顧くださいますようお願い申し上げます。

　まずは略儀ながら書面を持ってお礼申し上げます。

謹白

△△△△株式会社
△△△△△事業部　△△△△
〒XXX-XXXX ❸
東京都千代田区□□□□□□□□□□
電話：03-0000-0000
FAX：03-0000-0000

購入礼状に必要な項目

❶お客様の氏名欄。アンダーラインと敬称だけ印刷して、名前を手書きしてもいい

❷商品名記入欄。アンダーラインだけ印刷して、商品名を手書きしてもいい

❸販売元（自社情報）

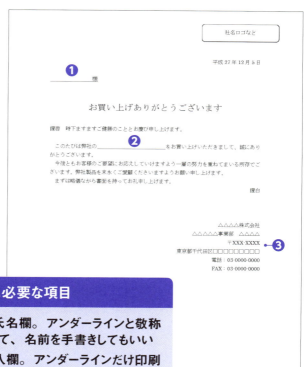

4-16 報道関係者向けの発表を送ろう

プレスリリースを発行する

記者の目にとまり、使いやすい文書を目指す

新製品の情報などを、報道関係者向けに発表する文書がプレスリリースです。プレスリリースに決まった書式はありません。各社、記者の目にとまるような趣向を凝らしたプレスリリースを作成しています。

プレスリリースで重要なことは、**記者に理解して、興味を持ってもらうこと**です。そのため、見出しには製品の特徴を端的に表す文章を記載します。これは、新聞や雑誌の見出しと同様に考えて差し支えありません。どうしたら興味を持ってもらえるかを検討しましょう。

次に、本文は記者がそのまま記事にしやすいように、5W1Hを押さえて書きましょう。5W1Hは「誰が、何を、いつ、どこで、なぜ、どのように」を表す言葉です。また、製品写真などを添付したり、ダウンロードできるURLを記載したりして、記事として使いやすい要素を提供しましょう。最後に、このニュースリリースへの問い合わせ先を明記します。

プレスリリースの例

プレスリリースは、記者が求める情報を簡潔にまとめよう。
そのまま記事見出しとして使える見出しを付ける。
情報は 5W1H を押さえて記載しよう

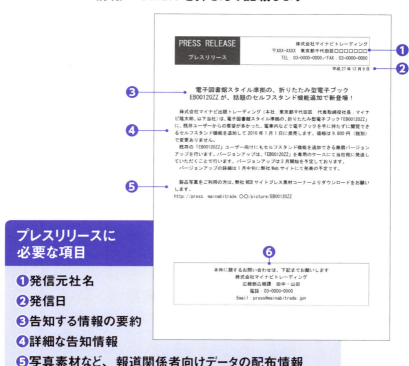

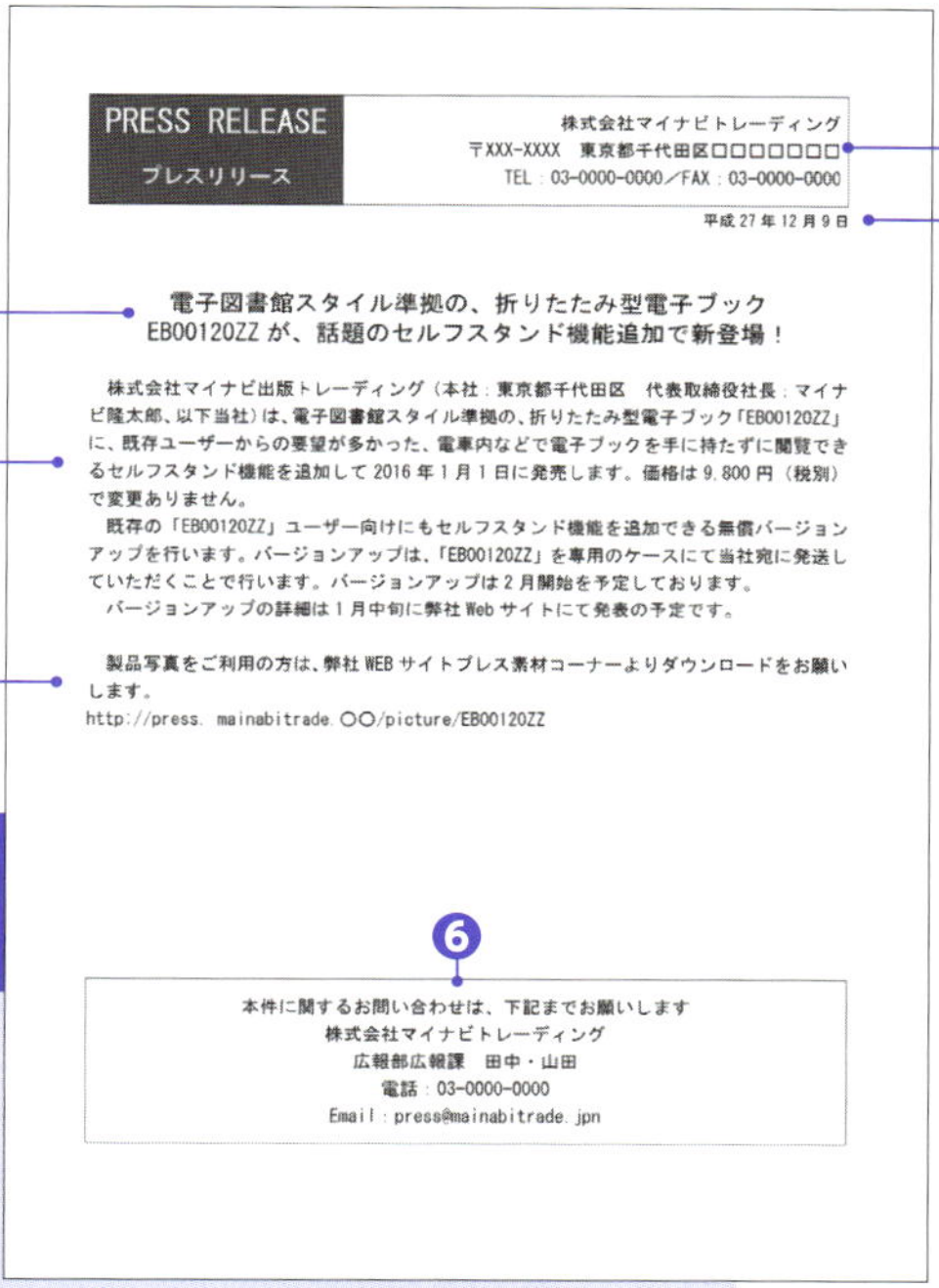

PRESS RELEASE
プレスリリース

株式会社マイナビトレーディング
〒XXX-XXXX　東京都千代田区□□□□□□□
TEL：03-0000-0000／FAX：03-0000-0000 ❶

平成 27 年 12 月 9 日 ❷

❸ 電子図書館スタイル準拠の、折りたたみ型電子ブック
EB00120ZZ が、話題のセルフスタンド機能追加で新登場！

❹ 株式会社マイナビ出版トレーディング（本社：東京都千代田区　代表取締役社長：マイナビ隆太郎、以下当社）は、電子図書館スタイル準拠の、折りたたみ型電子ブック「EB00120ZZ」に、既存ユーザーからの要望が多かった、電車内などで電子ブックを手に持たずに閲覧できるセルフスタンド機能を追加して 2016 年 1 月 1 日に発売します。価格は 9,800 円（税別）で変更ありません。

既存の「EB00120ZZ」ユーザー向けにもセルフスタンド機能を追加できる無償バージョンアップを行います。バージョンアップは、「EB00120ZZ」を専用のケースにて当社宛に発送していただくことで行います。バージョンアップは 2 月開始を予定しております。

バージョンアップの詳細は 1 月中旬に弊社 Web サイトにて発表の予定です。

❺ 製品写真をご利用の方は、弊社 WEB サイトプレス素材コーナーよりダウンロードをお願いします。
http://press.mainabitrade.○○/picture/EB00120ZZ

❻
本件に関するお問い合わせは、下記までお願いします
株式会社マイナビトレーディング
広報部広報課　田中・山田
電話：03-0000-0000
Email：press@mainabitrade.jpn

プレスリリースに必要な項目

❶発信元社名
❷発信日
❸告知する情報の要約
❹詳細な告知情報
❺写真素材など、報道関係者向けデータの配布情報
❻本件問い合わせ先

コラム

印刷される文書には、手紙の心遣いを

ビジネス文書でも、社外向けの文書には頭語・結語として一般的な手紙同様の「拝啓・敬具」や、より畏まった「謹啓・謹白」などを用いることがあります。また、時候の挨拶や日頃のおつきあいに対する感謝の言葉など、丁寧な前文も必要とされています。

これは、ビジネスの現場でも、手紙と同様に相手を思いやる気持ちには変わりがないからです。思いやりの気持ちを前文にしたためることで、文章の品格を高め、引いては会社の信用向上にもつながります。いつも、きまった前文で構いませんので、社外に送付する文書には、こうした挨拶を添えましょう。

ビジネス文書では、挨拶を挿入する隙のない文書も多く存在します。契約書はもちろんのこと、請求書や見積書でも本体には記載しないことが普通です。その際には、本章でもご紹介している送付状を添えることで、挨拶を添えてください。

現在のビジネス文書の中心となる電子メールでは、前文を大きく簡略化する傾向にあります。効率を追求する電子メールではこの傾向は必要なことです。しかし、紙に印刷して送付する文書では、こういった心遣いは失いたくないものです。

第5章

業務を効率化する社内文書の作り方

5-01

新規事業企画書の作り方

シンプルさを心がけよう

▼重大な議題も簡潔にまとめた書類で提案

社内会議などで発表する企画書は、興味喚起に比重をかけずシンプルに作るようにしましょう。書類の内容が社外に漏れてはいけないものなどは、「社外秘」とはっきり記載します。これは、社内で統一の様式を用いることも検討すべきです。提出日付、企画書の名称とともに、どの企画書でも必要な項目です。企画の内容は、**5W1H（誰が、何を、いつ、どこで、なぜ、どのように）の要素を押さえること**を念頭に作成します。

新規事業企画書では、「企画意図」として事業内容を簡潔に説明します。具体的な事業内容は、「内容」欄に記載しましょう。「効果予測」では、予測の結論のみを記載します。根拠となる資料は別添し、会議中に必要に応じて参照します。「費用」など1枚の書類に書ききれない情報は、別添資料があることを明記します。「実施時期」は時期と、決定根拠を記載します。「初期人員」では企画実現のために必要な人材を記入し、具体名などが決まっている場合には、それを記載します。

会議資料、新規事業企画書の例

短時間で内容を把握させよう

会議資料 01　社外秘	平成 27 年 12 月 8 日
新渋谷店開設企画書	
提案者	第 1 営業部　マイナビ太郎
企画意図	全国でも著しい売り上げ増を記録する渋谷店のエリアに、顧客対象年齢層を上げた新店舗の設立を計画する。同時に、現渋谷店のリニューアルを行う。
内容	現渋谷店の顧客中心から少しずれる、20 代前半女性を対象とした店舗を、花丸デパートに開設。これに伴い現渋谷店を、現在の対象顧客である 10 代中盤から後半女性により特化した店舗へとリニューアルさせる。
効果予測	現渋谷店の売り上げ増は年間 20%増を予測。 新渋谷店の売り上げは年間 10 億を見込む。
費用	新渋谷店開設費用は別紙 1 の通り。 現渋谷店リニューアル費用は別紙 2 の通り。
実施時期	顧客の入れ替えが促進される 3 月末から 4 月の新店舗開店と、現店舗リニューアル完了を目指す。
初期人員	新店舗開設スタッフ 　本部より社員 5 名 　現渋谷店より社員 2 名、アルバイト 3 名 現渋谷店リニューアルスタッフ 　本部より社員 3 名
その他	新渋谷店予定地の詳細は別紙 3 の通り。

新規事業企画書のポイント

- 社外に漏れてはいけない資料には、「社外秘」と明記する
- 企画内容は、5W1H（誰が、何を、いつ、どこで、なぜ、どのように）の要素でまとめる
- 各項目は結論だけを書き、根拠となる資料は別添する

5-02

評価される営業企画書とは？

社内会議の資料、営業企画書を作る

▼具体的な内容を簡潔にまとめる

部内などの小さなグループミーティングで発表する企画書でも興味喚起は不要です。企画の内容は、5W1H（誰が、何を、いつ、どこで、なぜ、どのように）の要素を押さえることを念頭に作成します。**「企画書の名称」「日付」「部署」「担当者名」まではいつも同じものを使うことで時間を節約**しましょう。グループで共通のものを利用するのもいいでしょう。

営業企画書では、「企画意図」として営業内容を簡潔に説明します。具体的な事業内容は、「企画詳細」欄に記載しましょう。「市場環境」や「他社動向」などの調査とその結果報告は、企画成否の重要な要素となりますので、別添資料なども用いて報告しましょう。「売り上げ目標」は目標のみを記載します。目標の根拠となる資料などは別添し、必要に応じて参照します。「必要人員」と「実施予定期間」は、必要な予算の算出に重要な要素ですので、できるだけ正確な数字を記入します。

会議資料、営業企画書の例

部内で発表する企画書は、シンプルに作る

営業企画書		平成27年12月8日
営業部	第1営業部	
担当者名	マイナビ太郎	
企画名称	東京臨海地区重点営業	
企画意図	発展著しい東京都江東区の臨海エリアに、大規模な重点営業を行います。	
企画詳細	豊洲、東雲、有明の三地域にターゲットを絞り、30人規模での重点営業を行います。内容は、新規販路開拓、既存顧客の囲い込み強化、既存顧客へのワンランクアップ商品の紹介の3点に注力します。	
市場環境	事前の調査による、未開拓世帯数は別紙1の通り。 既存顧客の状況については別紙２の通り。 第1営業部が調べた今後の世帯数増加予測は別紙3の通り。	
他社動向	競業三社の動向は、どの社も現段階では通常営業のみとなっています。	
売り上げ目標	同地区での年間３０００万円の売り上げ増を目標としております。詳細な内容については別紙4の通り。	
必要人員	第１営業部から３０名×２０営業日	
実施予定期間	平成２８年３月	
その他		

営業企画書のポイント

- 企画内容は、5W1H（誰が、何を、いつ、どこで、なぜ、どのように）の要素でまとめる
- 各項目は結論だけを書き、根拠となる資料は別添する
- 企画成否の重要な要素となる「市場環境」「他社動向」などは別添資料を用いて報告する

5-03 新商品企画書の作り方

コンセプトとターゲットを明確にする

▼商品イメージと戦略を簡潔にまとめる

新商品企画のように、**内容が社外に漏れてはいけないものなどは、「社外秘」**とはっきり記載します。会議前に閲覧が必要な書類の場合には、押印欄を設けてください。提案者名は必ず記載します。

「商品名」が企画時に決定済みでない場合は、それがわかるように「仮」などとして仮称であることを明記します。「製品イメージ」がある場合は企画書内で表示するか、別添資料があることを明記します。「商品コンセプト」は、製品を商品に変えるための価値を記入します。ここが商品企画書の最重要点となります。「ターゲット」は商品がどんな人たちに向けられたものか明記します。「競合商品」は発売後の商品の動向を予測する上でもっとも大切な要素です。できるだけ近い商品を探し出して、参考として記載しましょう。「販売予測」は具体的な数値を記入しますが、予測の根拠となる資料は別添し、必要に応じて参照します。その他、商品、業態に応じて「流通経路」や周知方法などを記載します。

会議資料、新商品企画書の例

コンセプト&ターゲットを明示しよう

会議資料 02　社外秘				平成 27 年 12 月 8 日
新商品企画書		所属長	部長	社長
提案者	第３商品開発部　マイナビ班　田中、鈴木合同チーム			
商品名	キュリアスポチ抱き枕	製品イメージ 別紙 1 参照		
商品コンセプト	人気アニメ「キュリアスポチ」の主人公「キュリアスポチ」を抱き枕で再現。アニメ同様のかわいさをギュッと抱きしめて、夢の世界へ。			
ターゲット	3 歳以上			
競合商品	B プランニング製の「怪物ニャンコ」の抱き枕シリーズを想定			
予定価格	希望小売価格 3,000 円（税別）			
販売予測		初年度予測	次年度予測	
	販売数	10,000 個	7,000 個	
	売上	三千万円	二千百万円	
	粗利	千八百万円	千二百万円	
流通経路	おもちゃ流通			
広告・広報	広報部＋マイナビアド			
その他	海外部からの要望が多いため、次年度以降はサンプル輸出を経て本格海外販売を検討。			

- **商品名や価格など変更の可能性がある場合は（仮）などをつける**
- **商品としての価値を、コンセプトとしてまとめる**
- **販売予測などの数値は結果のみを掲載し、根拠は別添する**
- **その他、ターゲット、競合、流通経路などの情報を記載する**

5-04

エクセルで作るシンプルな顧客管理表

お客様や取引先の情報を管理しよう

▼社内で情報共有したり、ダイレクトメール発送を効率化する

顧客管理表は、取引先や、過去に商品を購入した客、また、名刺交換をしたことがある見込客などの連絡先を一覧で管理できるようにするものです。一般的には名刺に記載されている情報を一覧でまとめますが、さらにプロフィールや購入実績、名刺交換した場所など、さまざまな情報を追加してカスタマイズしていきます。

現在、「クラウド」や「データベース」など、さまざまな顧客管理方法がありますが、小規模レベルでは、エクセルシートによる管理はもっともシンプルで確実でしょう。年賀状やダイレクトメッセージの発送などに使う宛名印刷にも利用できます。

このような情報は、**部署内や社内全体などで共有・管理することで、情報価値があがります**。その際、データのチェックや、更新（転職した人の管理、ダイレクトメールやEメールが返送されてきた人の情報削除などのメンテナンス）も誰かが担当しなければ、生きた顧客リストとして使えなくなることに留意しましょう。

社内で共有できる顧客管理表

数百件程度の小規模なものであれば、エクセルでの管理が便利。
必要な項目を追加して簡単にカスタマイズできる

No.	顧客名	電話番号	内線番号	部署	FAX番号	郵便番号	住所
1	マイナビ出版	03-0000-0000	01	システム部	03-0000-0000	000-0000	東京都千代田区一ツ橋０－０－
2	デジタル□□□□	03-0000-0000	0234	企画部	03-0000-0000	000-0000	東京都台東区上野桜木０－０－
3	△△△△デザインHD	03-0000-0000	0123	営業部	03-0000-0000	000-0000	東京都台東区根岸０－０－０
4	ビーシー○○○	03-0000-0000	9876	総務部	03-0000-0000	000-0000	東京都台東区下谷０－０－０
5							
6							
7							

FAX番号	郵便番号	住所
03-0000-0000	000-0000	東京都《トウキョウト》千代田区《チヨダク》一《ヒト》ツ橋《バシ》０－０－０
03-0000-0000	000-0000	東京都《トウキョウト》台東区《タイトウク》上野《ウエノ》桜木《サクラギ》０－０－０
03-0000-0000	000-0000	東京都《トウキョウト》台東区《タイトウク》根岸《ネギシ》０－０－０
03-0000-0000	000-0000	東京都《トウキョウト》台東区《タイトウク》下谷《シタヤ》０－０－

氏名や住所にフリガナをつける

エクセルでの顧客管理表のポイント

- エクセルの顧客管理表は、必要な項目だけを追加削除できる
- 部内や社内での共有が簡単
- 顧客の名前や住所の読みにフリガナをつけるとわかりやすい
- 共有したデータは、担当者を決めて定期的にメンテナンスを行わないと、生きた顧客リストとしての価値を失うので注意が必要

5-05

アクションを促すスケジュール管理表

欄を埋めるフォーマットにしよう

▼隙間時間を目立ちやすくする

ここで紹介するのは、勤務時間内の行動計画を立てるためのスケジュールです。個人向けのスケジュール帳は、紙の手帳からカレンダー、オンラインまでさまざまなものがありますから、その選択は、いわば、個々人にまかされているものと考えることもできます。ただし、落とし穴もあります。たとえば、小さなスケジュール帳ではアポイントの数が心理的に減らされてしまう（スペースが少ないため）とか、社内で公開した場所に置いたにもかかわらず他人から読みづらいためスケジュール共有がしづらいなどです。

もしも、社内で共通、もしくは推奨のスケジュール帳を提供するのであれば、あまり空白が目立つ自由なフォーマットのものよりは、**「欄を」必然的に「埋める」ようなフォーマットで提案する**ほうが、自然に人のアクションを促すことにつながります。また、営業職やアポイントなど件数を伸ばしたい仕事の場合、その1アクションの区切りに合った時間単位で欄を切っておくことが望ましいでしょう。

スケジュール管理表の例

勤務時間内の欄を埋める形にすることで、自発的アクションを促せる

部署	氏名
営業部一課	名前太郎

営業日		時間帯	アポイント時間	場所	(移動時間)	訪問社	担当者名
2015/11/3	火	9:00-10:00	9:00-9:15	朝礼	15:00		
		10:00-11:00					
		11:00-12:00					
		12:00-13:00					
		13:00-14:00	13:30-13:45	見積持参		マイナビ商事	田中様
		14:00-15:00	14:00-15:00	営業回り		A社	佐藤様
		15:00-16:00					
		16:00-17:00		本店会議			
		17:00-18:00					
		18:00　以降					
2015/11/4	水	9:00-10:00		営業回り		シーケーデザインHD	鈴木様
		10:00-11:00					
		11:00-12:00		営業回り		デジカー	玉田様
		12:00-13:00					
		13:00-14:00		契約打ち合わせ		マイナビ商事	大山様
		14:00-15:00					
		15:00-16:00					
		16:00-17:00					
		17:00-18:00					
		18:00　以降					
2015/11/5	木	9:00-10:00					
		10:00-11:00		見本説明		二ツ橋出版	第一編集部
		11:00-12:00					
		12:00-13:00					
		13:00-14:00		営業会議			
		14:00-15:00		営業会議			
		15:00-16:00					
		16:00-17:00					
		17:00-18:00					
		18:00　以降					
2015/11/6	金	9:00-10:00					
		10:00-11:00		本店会議			
		11:00-12:00		本店会議			

スケジュール管理表のポイント

- 空欄を埋めることで、効率的な時間管理を各人に考えさせられる
- 営業など、1アクションの区切りに合った時間単位で欄を区切る

5-06

グループのスケジュール管理表を作る

アポを設定しやすいフォーマットにしよう

▼ムダなすりあわせ時間を減らす

5－05で紹介した個人スケジュール帳を拡張し、**部署やグループごとでグループスケジュール管理を持つと、営業部での社内勤務サポート側で外回りの行動把握がしやすくなったり、必要書類や稟議の期限などをグループで確認しやすくなります。**

人の出入りが激しい部署や繁忙期など、アポを取るだけで一苦労だったり、上長が捕まらずタイムラグが発生するなどの失態はありがちです。できれば、お互いのあいている時間を探すためのムダな時間を費やす前に、スケジュールをグループで管理しましょう。

グループでアポイントなどを公開しておけば、「ついで」の質問や挨拶などもしやすく営業力の強化につながります。最近では、オンラインスケジュールで「勝手に同僚や部下の名前を追加し」「アラートメールを飛ばすだけ」という、便利なようで悪しき風習も増えてきているようです。小さな会社のスケジュール管理では、エクセルシートに他人の予定を追加する場合には、もちろん「声がけ」を忘れないように注意しましょう。

グループスケジュール管理表の例

グループスケジュール管理表で、他のメンバーのスケジュールを管理することで、社内での待ち時間などの無駄を省ける

営業日		時間帯	部署	氏名	アポイント時間	場所	（移動時間	訪問社	担当者名
2015/11/3	月	9:00-10:00	営業部一課	名前太郎	9:00-9:15	朝礼	0:15		
		13:30-13:45	営業部一課	名前花子		見積持参		マイナビ商事	田中様
		13:30-15:30	営業部一課	マイナビ太郎	14:00	営業回り	0:20	A社	Aさん
		14:00-15:00	営業部一課	名前太郎		本店会議			
2015/11/4	火	9:00-10:00	営業部一課	名前太郎		営業回り		シーケーデザインHD	鈴木様
		10:00-11:00							
		11:00-12:00	営業部一課	名前太郎		営業回り		デジカー	玉田様
		11:00-12:00	営業部一課	マイナビ太郎		営業回り		デジカー	玉田様
		13:00-14:00	営業部一課	名前太郎		契約打ち合わせ		マイナビ商事	大山様
		14:00-15:00							
		15:00-16:00							
		16:00-17:00							
		17:00-18:00							
		18:00　以降							
2015/11/5	水	9:00-10:00							
		10:00-12:00	営業部一課	名前太郎	10:30-11:30	見本説明	0:20	二ツ橋出版	第一編集部
		10:00-12:00	営業部一課	マイナビ太郎	10:30-	営業回り	0:25	一色企画	古屋様
		11:00-12:00							
		12:00-13:00							
		13:00-14:00	営業部一課	名前太郎		営業会議			
		14:00-15:00	営業部一課	名前太郎		営業会議			
		15:00-16:00							
		16:00-17:00							
		17:00-18:00							
		18:00　以降							
2015/11/6	木	9:00-10:00							
		10:00-11:00							
		11:00-12:00	営業部一課	全員		本店会議			
		12:00-13:00	営業部一課	全員		本店会議			

グループスケジュール管理表の特徴

- 全員が空いている時間がわかれば、会議の時間設定が簡単
- 他のメンバーのアポを利用した便乗営業ができる
- グループスケジュール管理表は便利だが、他人のスケジュールを押さえるときは一声かけるのがマナー

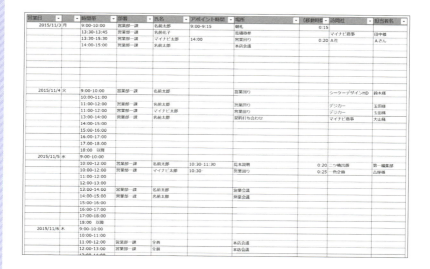

5-07

不在時対応伝言メモの作り方

いただいた電話の内容を正確に伝えよう

▼正確な伝言を心がける

電話を受けたとき、つなぐ相手が不在や別の電話に出ている場合の対応は、基本的なビジネススキルです。伝言を預かるのか、こちらから電話をかけ直すのか、あるいは再度電話をもらえるのか、相手の都合に合わせて対応します。

そんなとき、**用件を的確に記録し、正確な伝言を行うための文書が、不在時対応伝言メモ**です。不在時対応伝言メモに必要な項目は「誰からの電話だったのか」「誰宛の電話だったのか」「いつかかってきたのか」に加えて「伝言内容の記入エリア」となります。

電話を受けながらでもメモしやすく、必要な項目を漏らさず聞くために、「折り返し電話が必要か」「折り返し先の電話番号」「改めて電話をくださるのか」といった項目はチェックするだけで記録できるようにしておくと便利です。

メモのサイズとしては、Ａ4用紙は大きすぎるので、一枚の用紙に複数の不在時対応伝言メモを印刷して、切り離して使えるようにしましょう。

不在時対応伝言メモを利用する

用件を的確に記録し、正確な伝言を行うための不在時対応伝言メモ

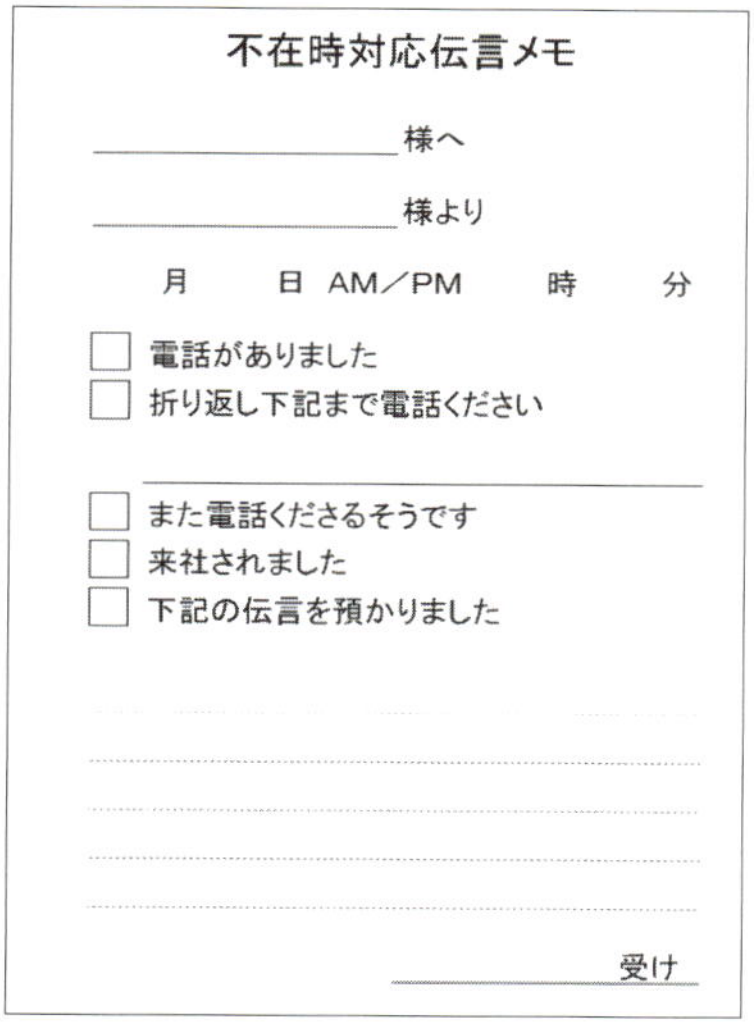
不在時対応伝言メモ

______________様へ

______________様より

月　　日　AM／PM　　時　　分

□ 電話がありました
□ 折り返し下記まで電話ください

□ また電話くださるそうです
□ 来社されました
□ 下記の伝言を預かりました

受け

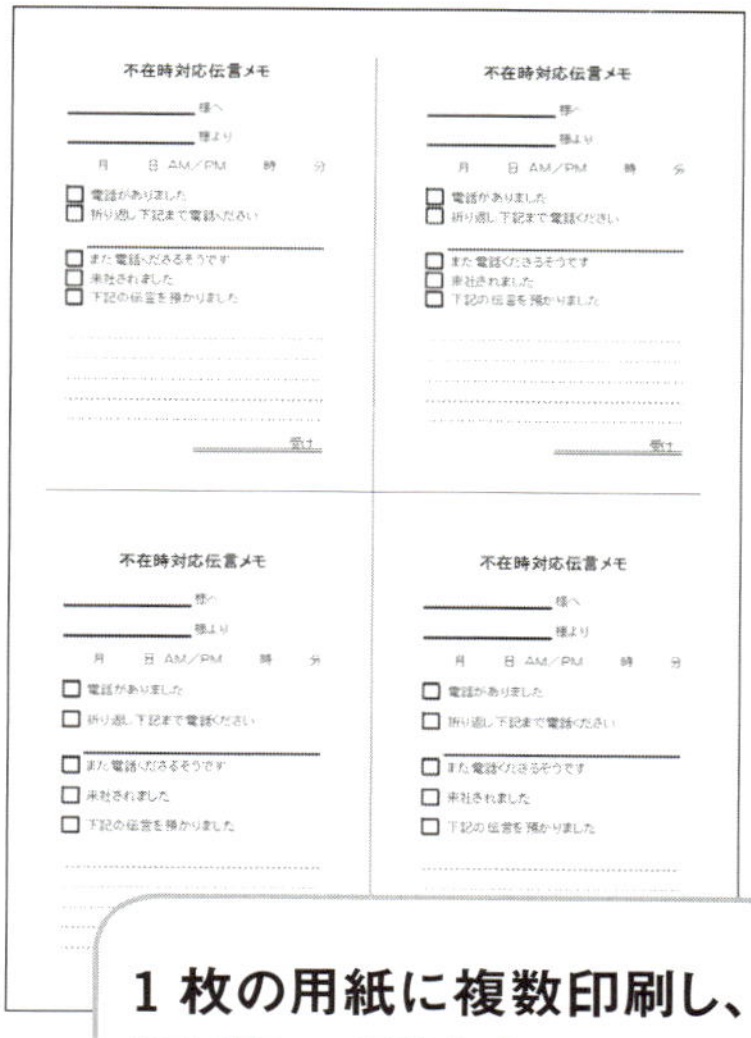

1 枚の用紙に複数印刷し、
切り取って使おう

不在時対応伝言メモの要素

- 誰から、誰に電話があったか（訪ねてきたか）を記録する
- 電話があった時間（訪問時間）を記録する
- 不在だった担当者の帰社後のアクションを伝える
- 誰が伝言受信者か、担当者の名前を記録する

5-08

ミスを防ぐチェックリストの作り方

次にやらなければならないことが一目でわかるチェックリスト

▼毎日チェックすることでヌケモレを防ぐ

チェックリストやタスクリストは、「やらなければならない仕事を忘れないようにする」備忘の役割と、「どのような仕事をどのようなスピードで達成できるか」を確認しながら続きの戦略を立てる際の指標という役割があります。ただランダムにメモを書いていく場合もありますが、仕事の場合は、細かいメモを増やしすぎるとリストが破綻することがあります。書いたはいいが、すべて「未完」のままになって使うのが面倒になるのを避けるには、「締め切りがハッキリしていて」「仕事として必ず完了する必要があること」だけをブレイクダウンして入れることです。とくに締め切りと達成率で管理できないものは、書かなければいつかは不要になるか終わるはずなので、リストがカオス化せずにすみます。

リストは書いたままでは効力を発揮しません。一日1度または2度など、**出勤時や退勤時にチェックして、内容を更新、あるいは進捗に問題がないかを確認しましょう**。新たなタスクも、その際に追加したり、進捗の悪いものは改善やヘルプを検討しましょう。

チェックリストで日々のタスクを管理

チェックリストは、「やるべきことを忘れない」 ための備忘の役割と、作業のスピードを見ながら以降の戦略を立てるための手がかりとなる

やることリスト

タスク	スタート日	完了日	% 完了率	完了	メモ
マイナビ商事見積もり	2015/11/20	2015/11/28	0%		
営業企画書作成	2015/11/20	2015/11/25	50%		新渋谷店出店の件
高橋様へ回答	2015/11/21	2015/11/24	100%	●	
新聞出稿締め切り	2015/11/20	2015/11/24	100%	●	毎毎新聞
A社宛て請求書送付	2015/11/22	2015/11/28	50%		
B社宛て請求書送付	2015/11/23	2015/11/25	25%		
部内回覧原稿作成	2015/11/20	2015/11/24	100%	●	
出張旅費精算	2015/11/22	2015/12/1	0%		
忘年会参加返事	2015/11/23	2015/12/2	0%		参加費4500円
会議資料作成	2015/11/20	2015/12/4	50%		
営業報告書作成	2015/11/20	2015/11/30	50%		
C社宛て書類送付	2015/11/21	2015/11/28	100%	●	
D社宛て書類送付	2015/11/20	2015/12/1	0%		

チェックリストの活用で大事なこと

- 細かいメモを増やしすぎない
- 締め切りがはっきりしているタスクと、必ず完了させなければならないタスクだけをリストに入れる
- 一日に1～2度確認し、内容を更新していく
- 進捗率の悪いタスクは、改善方法を検討する

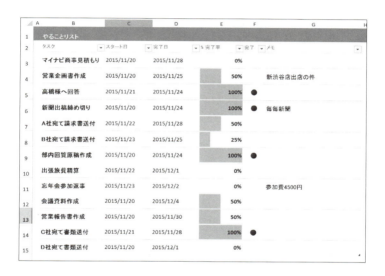

5-09

シフト管理表の作り方

必要な人員が確保されているかチェック

▼就業時間を管理する

シフト管理表とは、アルバイトや従業員など、勤務時間や運営体制を一つの表にまとめたものです。時系列の表になっており、同じ時間帯に誰が何人現場に入るかなどが一日でわかるのが理想です。シフトを決定する際は、休憩時間や店舗の混み具合なども考慮します。また、超過労働がないように気をつけましょう。

店舗やサービス業など、スタッフを抱えて営業している仕事では、**仕事に穴を開けないために、就業時間をきちんと管理しておく必要があります**。大規模なスタッフィングが必要な場合の手作業はかなり困難ですが、少人数の範囲であれば、エクセルシートを使って管理することも可能です。

スタッフ名は、受け持ち場所ごとに並べ替えておいたり色を使い分けるなどして、シフト表を作成した際に、ミスなく、必要な担当が必要な人数になっているか確認できるようになっていると管理しやすくなります。

パート・アルバイトのシフトを管理する

シフト管理表を使って、仕事に穴を開けない従業員配置を目指す

アルバイトシフト表　2016/10/1

時間			5	6	7	8	9	10	11	12	13	14	15	16	17	18	19	20	21	22	23	24	1	2
	help	記号																						
必要人数 名前			0	0	0	0	0	3	3	3	4	4	2	2	3	3	3	4	4	4	4	3	3	1
青森一郎		ホール																						
秋田次郎																								
新潟三郎		キッチン																						
福井史郎		キッチン																						
長野悟郎		キッチン																						
宮城六郎		ホール																						
滋賀七郎																								
和歌山八郎		ホール																						

シフト管理表のメリットと注意点

- パート・アルバイトの勤務予定と、運営体制を一つの表で管理
- シフトの決定に必要な、時間帯ごとの必要人員が一目でわかる
- 勤務予定のバーを色分けすることで、受け持つ場所を確認可能
- シフト決定の際は、休憩時間や交代時間に配慮し、超過労働がないようなシフトを組む

5-10

効果を上げる営業報告書を作る

営業の成果を報告し次につなげよう

▼営業内容と、フィードバックをまとめる

営業報告書は、営業面談を行った際の記録と課題をまとめるための書類です。セールス部門の社員は、会社で毎回作成が義務づけされている場合も多いでしょう。営業回りの報告や、顧客からのフィードバックを関係者と共有することは重要な作業ですが、口頭で行うと時間が掛かってしまったり、ダラダラと書くと焦点がつかめなくなってしまいます。

営業報告書は、単なる記録や社員の管理のために作らせるものではなく、成約率をアップするためのものです。社内で承認済みの営業内容ではなく、顧客がどのような反応を示したのかを中心に記載します。結果は基本的に1つですから、項目欄も小さく、端的に記載しましょう（例：「担当者は乗り気だが、上長がコスト面で難色を示して成約に至っていない」など）。また、コメントでは、営業結果の問題点を乗り越えるための糸口になるような先方のコメントや、質問、フィードバックを記載します。営業会議やグループで営業報告書の結果を共有することも、トレンドやニーズの発見につながります。

営業効果を上げるための営業報告書を作る

営業で得た情報を社内で共有することで成約率のアップを狙おう

報告先	営業部部長		
部署名	営業部	担当者	マイナビ太郎

件名	マイナビ出版商事　「カラープリンター導入」案件	
お疲れ様です。営業部の玉造です。件名の通り、案件の営業結果を下記に報告いたします。		
詳細1		
訪問日時	2015/12/1(火)	15時～15時50分
訪問先	マイナビ出版商事　総務部	
担当者	古屋課長	
営業結果	新製品のJET COLOR　C3355を、リース中のB社 BUSINESS C950のリプレイスとして提案した。ランニングコストが初月から20%以上下がる案が提示されれば、購入の可能性があるとのお返事がいただけた。	
コメント	下記の点に留意してほしいと、古屋課長からは指摘をいただいた。	
	・現在使用しているC950では、モノクロプリントの価格に対して、カラーのプリント価格が高すぎる。ほとんどの機器からカラープリントをしてしまう設定になっているため、カラーを低いコストに抑えて欲しい。	
	・グラデーションや写真を含む印刷品質に問題があるという報告がある。一方でコストダウンも求められているので品質は現状維持か多少よくなればよい。	
詳細2		
訪問日時	2015/12/10(木)	14時～15時
訪問先	マイナビ出版商事　総務部	
担当者	古屋課長、玉造係長	
営業結果	12月1日にいただいた件に関して、再提案を行ったところ、吉田部長の決裁をもらえるよう検討しますとの回答をいただいた。	
コメント	決裁に関して、下記の注文をいただいた	
	・12月中に注文をした場合の納期を、1月10日までにしてほしいとのこと。	
	・交換部品などの調達コストも考えて、来年開店の新店舗2店でも採用を検討したい	

営業報告書のメリットと注意点

- 書面での営業報告で報告時間を節約できる
- 顧客からのフィードバックを関係者と共有することができる
- 報告は端的に行おう

5-11

業務上の事故を報告し再発を防止しよう

事故報告書を使って事故の状況と原因を報告する

▼事故の状況を正しく確認して報告する

事故報告書は、業務上の事故を記録し、状況と再発防止への取り組みを報告する書類です。報告書は現場に立ち会っていない上司や上層部に正しく状況を説明するために必要となります。報告は、事故発生後、**事故原因が特定できたら速やかに行う**ことを心がけましょう。報告書提出や対策が定まらないうちに事故が重なることを避けなければなりません。

報告書には、被災者（負傷者）の所属と氏名、「負傷程度」を明記します。負傷者が複数であっても一つの事故の場合は一枚の報告書にまとめます。「発生日時」と「発生場所」はできるだけ正確に記入します。

「事故の詳細」「事故原因」は、被災者本人や目撃者からの聞き取り調査と現場確認をもとに客観的に記入します。原因が判明したら、具体的な対策をまとめます。対策は実現性のあるものとし、すぐにできる対策に加え、将来的な目標や心がけにも言及しましょう。必要なのは、事故を繰り返さないことであることを念頭に作成しましょう。

事故の状況と原因を報告する事故報告書

事故報告書を使って、業務上の事故を記録し、状況と再発防止への取り組みを報告しよう

報告年月日　平成２７年１２月１６日

報告者	所属	現場管理部
	氏名	△△一郎

被災者	所属	第一工場
	氏名	○○太郎
負傷程度		軽度のやけど
		全治１週間
治療した医療機関		医療法人 ○○会病院
発生日時		平成　27年　12月　15日　午前11時32分頃
発生場所		第一工場
		第13ライン製品検査部
事故の概要		○○太郎が完成品検査時に誤って火傷を負った
事故の詳細		製品検査部での検査時に、流れてくる製品を早めに取ろうとして、
		熱交換器のパイプに触れてしまったため、火傷を負った。
事故原因		検査作業進行が早かったため、次の製品を待つまでの間の時間ができた。
		これにより、すぐに検査を始めたいと考えた○○が、
		検査ラインを流れる商品を手に取るのを早まったため、熱交換器のパイプに
		触れてしまった。
今後の対策		検査ラインの安全位置の再確認と、徹底を行う。
		慣れた作業という心の隙が事故を誘発することを、朝礼などでも再確認
		すべきである

事故報告書を使った報告の仕方

- 事故発生後、事故原因が特定できたら速やかに報告する
- 一つの事故は一つの報告書に記載する
- 事故の状況を客観的に報告する
- 事故の原因と、再発防止策を検討し報告する

5-12

会議を再現する議事録の作り方

会議の内容を書面に残そう

▼欠席者でも理解できるもの。再利用する可能性も…

議事録は、会議の場で討議された内容を記録したドキュメントのことです。通常は、会議に出席している人のうち1名が議事録係をつとめ、会議の場で記録作業を行い、会議後に書類を完成させます。

議事録の一番の目的は、**会議で議題に上った内容、そこで討議されて結果的に決まったことや決まらなかったことをわかりやすくまとめること**です。客観的に、明快な文章を目指しましょう。左のページの資料のように、箇条書きを使うなどして一目でわかるように議題・結果・討議をまとめるのもひとつの手です。

また、案出し(ブレスト)や、コンサルティング(客先での聞き書き)などでも議事録を作成することがよくあります。この場合は、そのときの討議内容を再現可能にしたり、問題発見に用いるため多数出たアイデア案を記録したり、問題解決のための道筋を示す質問と回答を記したりなど、目的によって記録の重点が異なってきますので、注意しましょう。

文書で会議を再現する議事録

議事録は、会議の場で討議された内容を記録した文書。会議で議題に上った内容と討議の結果をわかりやすくまとめる

定例ミーティング　議事録				担当者名	
				提出日	
日時		2015/11/10(火)	場所	2F5Aミーティングルーム	
出席者名					
議事	議題	（1）Ａ社案件の進行状況確認 （2）Ｂ社の企画提案（社内コンペ）についての報告 （3）残業時間削減についての討議			
	討議内容	（1）Ａ社案件の進行状況確認 大幅に遅れている原因が、主にチェック修正の時間が延滞 （2）Ｂ社の企画提案（社内コンペ）についての報告 合計8名の提案書類が揃っている 社内での提案決定のための討議が未定 （3）残業時間削減についての討議 残業時間が平均月10時間増加している 成果報酬契約では持ち帰りを容認の声もあがっている			
決定事項		（1）Ａ社案件の進行状況確認 次回以降のチェックの提出と修正完了までにスケジュール管理をストリクト化して対応する （2）Ｂ社の企画提案（社内コンペ）についての報告 金曜日の午後に幹部と企画担当者Dで討議を行い、採用について決定 （3）残業時間削減についての討議 業務成果を上げるため業務時間内の目標達成を立てて観測する 管理は個別に行い、ボトルネックは何かを翌月分析する機会を持つ			

担当	課長	部長	コメント	
（印）	（印）	（印）		

議事録の作成方法

- 会議が行われた日時や会議室の場所などを記録する
- 挙げられた議題を列記する
- それぞれの議題の内容を簡潔にまとめる
- 討議の結果を議題ごとに簡潔にまとめて記載する

5-13

目標達成につながる業務日報の作り方

従業員の日々の作業進捗を管理しよう

▼行動を振り返り報告する

業務日報は、仕事で一日に行った内容をまとめ、成果や課題を添えて報告するためのドキュメントです。改善点を発見するなど、新人社員などを指導するのに役立ちます。

業務日報に記載する内容は、数や時間だけでなく、仕事の流れを把握するための分析材料とすることを意識しましょう。業務時間内に「いつ」「なに」を行ってどういう「結果」になったのか、また「次に何を行う」べきかを記載します。これによって、目の前の仕事を滞りなく行えるようにし、ムダなタイムラグを防いだり、間違ったアクションを行わないよう指導します。新入社員は課題発見や次のアクションの決定が難しい場合もありますから、指導担当者がこまめにフィードバックする必要があります。

また、日報をつけることは新人に限らず効果があります。**仕事の進捗を確認したり、目標達成へ向け、仕事のスピードのベンチマークを取り、客観的に評価する助けにもなります。**

業務日報で大きな目標への進捗を計る

業務日報は、一日の行動をまとめ、成果や課題を添えて報告しよう

業務日報		担当者名	マイナビ太郎
2016/1/8(金)		提出日	2016/1/12

時間	作業内容	進捗率		報告	次回アクション
9:00~10:00	メールチェック	完了	100%	新規案件問い合わせあり	アポイント申請済み
10:00~11:00	アポイント	完了	60%	E社担当つかまらず	担当者の連絡先を見つける
11:00~12:00	取材先訪問 D社	完了	100%	インタビュー、撮影ともに完了	□写真の受け取り □原稿執筆
12:00~13:00					
13:00~14:00					
14:00~15:00					
15:00~16:00					
16:00~17:00	B社向け企画書作成	未完	30%	テキスト完成、資料となるビジュアルが未完了	ビジュアル発注（社内） レイアウト完了
17:00~18:00					

実行日	急務度	アクション
明日	★★★	
今週	★	D社原稿の執筆

担当	課長	部長
(印)	(印)	(印)

業務日報の作成方法

- 日報の対象となる日付
- 一日の行動と、それぞれの全体から見た進捗率
- 単なる記録ではなく、仕事の流れを把握するための分析材料とすることを意識して記入する

5-14

月別売上比較表を作ろう

グラフによる視覚化で、売り上げの変動を直感的に把握する

▼毎日の売り上げを視覚化する

サービス業では、売り上げを伸ばすことは重要な仕事です。売り上げの内容を確認する方法はさまざまですが、今回取り上げたような月ごとの売上比較表は、だれでも作成でき、またグラフ化しておくことで上下の変動が一目瞭然ですので、売り上げ管理が手薄になっている人は、まず、ここからはじめてみましょう。

毎日の売上総額を該当する日付欄に入力することで、自動的に月の売上総額と、年間売上総額が計算されます。グラフも自動的に変動します。**グラフによる視覚化によって、数字で眺めているときよりも、売り上げの上下が直感的に把握できる**ようになります。

また、直近の売り上げを記録しているだけでも、把握していなかったときとはコストと業績への感度が異なってくるはずです。慣れてきたら部門ごとに記録を分けたり、曜日ごとなど入力の仕方を変えてみるのもよいでしょう。それにより、売り上げを伸ばすキーの発見や、売り上げが下がっている原因の発見などにもつなげることができるでしょう。

グラフによる視覚化で、売り上げの変動を直感的に把握できる月間売上比較表

月別売上比較表は、毎日の売上総額を該当する日付欄に入力することで、自動的に月の売上総額と、年間売り上げの総額が計算されるように設定しよう

月別売上比較表（サービス業用）

	1月	2月	3月	4月	5月	6月	7月	8月	9月	10月	11月	12月	
1日	¥5,000	¥5,000	¥5,000	¥5,000	¥5,000	¥5,000	¥5,000	¥5,000	¥5,000	¥5,000	¥5,000	¥5,000	
2日	¥3,000	¥3,000	¥3,000	¥3,000	¥3,000	¥3,000	¥3,000	¥3,000	¥3,000	¥3,000	¥3,000	¥3,000	
3日	¥2,000	¥2,000	¥2,000	¥2,000	¥2,000	¥2,000	¥2,000	¥2,000	¥2,000	¥2,000	¥2,000	¥2,000	
4日	¥4,000	¥4,000	¥4,000	¥4,000	¥4,000	¥4,000	¥4,000	¥4,000	¥4,000	¥4,000	¥4,000	¥4,000	
5日	¥4,000	¥4,000	¥4,000	¥4,000	¥4,000	¥4,000	¥4,000	¥4,000	¥4,000	¥4,000	¥4,000	¥4,000	
6日	¥50,000	¥50,000	¥50,000	¥50,000	¥50,000	¥50,000	¥50,000	¥50,000	¥50,000	¥50,000	¥50,000	¥50,000	
7日	¥120,000	¥120,000	¥120,000	¥120,000	¥120,000	¥120,000	¥120,000	¥120,000	¥120,000	¥120,000	¥120,000	¥120,000	
8日	¥80,000	¥80,000	¥80,000	¥80,000	¥80,000	¥80,000	¥80,000	¥80,000	¥80,000	¥80,000	¥80,000	¥0	
9日	¥5,000	¥5,000	¥5,000	¥5,000	¥5,000	¥5,000	¥5,000	¥5,000	¥5,000	¥5,000	¥5,000	¥5,000	
10日	¥3,000	¥3,000	¥3,000	¥3,000	¥3,000	¥3,000	¥3,000	¥3,000	¥3,000	¥3,000	¥3,000	¥3,000	
11日	¥2,000	¥2,000	¥2,000	¥2,000	¥2,000	¥2,000	¥2,000	¥2,000	¥2,000	¥2,000	¥2,000	¥2,000	
12日	¥4,000	¥4,000	¥4,000	¥4,000	¥4,000	¥4,000	¥4,000	¥4,000	¥4,000	¥4,000	¥0	¥4,000	
13日	¥4,000	¥4,000	¥4,000	¥4,000	¥4,000	¥4,000	¥4,000	¥0	¥4,000	¥4,000	¥4,000	¥4,000	
14日	¥50,000	¥50,000	¥50,000	¥0	¥50,000	¥0	¥50,000	¥0	¥50,000	¥0	¥50,000	¥50,000	
15日	¥120,000	¥120,000	¥120,000	¥120,000	¥120,000	¥120,000	¥120,000	¥0	¥120,000	¥0	¥120,000	¥120,000	
16日	¥80,000	¥80,000	¥80,000	¥80,000	¥80,000	¥80,000	¥80,000	¥0	¥80,000	¥80,000	¥80,000	¥80,000	
17日	¥5,000	¥5,000	¥5,000	¥5,000	¥5,000	¥5,000	¥5,000	¥0	¥5,000	¥5,000	¥5,000	¥5,000	
18日	¥3,000	¥3,000	¥3,000	¥3,000	¥3,000	¥3,000	¥3,000	¥0	¥3,000	¥3,000	¥3,000	¥3,000	
19日	¥2,000	¥2,000	¥2,000	¥2,000	¥2,000	¥2,000	¥2,000	¥0	¥2,000	¥2,000	¥2,000	¥2,000	
20日	¥4,000	¥4,000	¥4,000	¥4,000	¥4,000	¥4,000	¥4,000	¥4,000	¥4,000	¥4,000	¥4,000	¥4,000	
21日	¥4,000	¥4,000	¥4,000	¥4,000	¥4,000	¥4,000	¥4,000	¥4,000	¥4,000	¥4,000	¥4,000	¥4,000	
22日	¥50,000	¥50,000	¥50,000	¥50,000	¥0	¥50,000	¥50,000	¥50,000	¥50,000	¥50,000	¥50,000	¥50,000	
23日	¥120,000	¥120,000	¥120,000	¥120,000	¥0	¥120,000	¥120,000	¥120,000	¥120,000	¥120,000	¥120,000	¥120,000	
24日	¥80,000	¥80,000	¥80,000	¥80,000	¥80,000	¥80,000	¥80,000	¥80,000	¥80,000	¥80,000	¥80,000	¥80,000	
25日	¥5,000	¥5,000	¥5,000	¥5,000	¥5,000	¥5,000	¥5,000	¥5,000	¥5,000	¥5,000	¥5,000	¥5,000	
26日	¥3,000	¥3,000	¥3,000	¥3,000	¥3,000	¥3,000	¥3,000	¥3,000	¥3,000	¥3,000	¥3,000	¥3,000	
27日	¥2,000	¥2,000	¥2,000	¥2,000	¥2,000	¥2,000	¥2,000	¥2,000	¥2,000	¥2,000	¥2,000	¥2,000	
28日	¥4,000	¥4,000	¥4,000	¥4,000	¥4,000	¥4,000	¥4,000	¥4,000	¥4,000	¥4,000	¥4,000	¥4,000	
29日	¥4,000		¥4,000	¥4,000	¥4,000	¥4,000	¥4,000	¥4,000	¥4,000	¥4,000	¥4,000	¥4,000	
30日	¥50,000		¥50,000	¥50,000	¥50,000	¥50,000	¥50,000	¥50,000	¥50,000	¥50,000	¥50,000	¥50,000	
31日	¥120,000		¥120,000		¥120,000		¥120,000		¥120,000	¥120,000		¥120,000	合計
小計	¥992,000	¥818,000	¥992,000	¥822,000	¥822,000	¥822,000	¥992,000	¥608,000	¥992,000	¥822,000	¥868,000	¥912,000	¥10,462,000

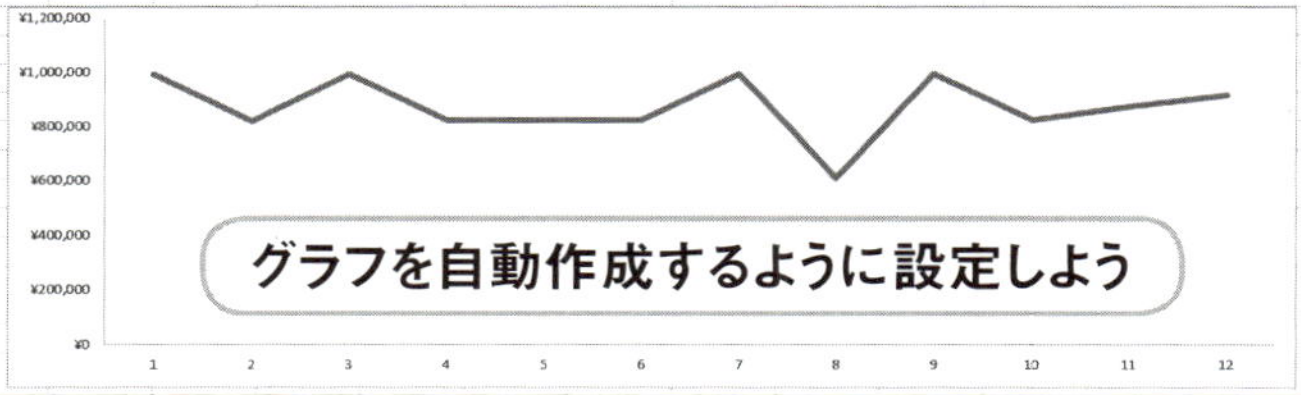

5-15

始末書の作り方

過失、不始末のお詫びと再発防止を書面で誓おう

▼過ちを真摯に詫びて再発防止を誓う

始末書は、自分の過ちを認めて再発防止の誓約をするための書類です。本人にとっては、犯してしまった過ちを詫びて、再度信用を得るための足がかりとなります。また直属の上司にとっては、部下の過ちを会社に報告するための書類です。通常は、この始末書をもって上司が本人の見えないところでさらに上司に謝罪をしたり、始末書を提出したりしています。このことを考えながら、**再発防止を心に誓い記入**してください。

宛名は過ちの軽重や内容によって異なるため、上司から指示があります。また、過ちの内容に関わらず書類の名称は「始末書」とします。

記入すべき要素は3つです。1つ目は、「いつ、誰が、どんな」過ちを犯し、「誰に、どんな」迷惑をかけてしまったか記入します。次に、再発防止への取り組みと心構えについて記入します。最後に、再発防止への誓いとお詫びで結びます。

提出者の名前には、押印をするようにしてください。

始末書の例

始末書は、自分の過ちを認めて再発防止の誓約をするための書類。通常は、この始末書をもって、直属の上司がさらに上司に謝罪をしたり、始末書を提出したりしている

平成 27 年 11 月 24 日

代表取締役社長
○○○○様

始末書

平成○○年○月○○日、私の不注意によって誤発注を行い、大量の不良品を出してしまいました。この結果、会社に多大な損害を与えるとともに、取引先への納期遅延というご迷惑をおかけすることとなりました。

このようなミスの再発を防止すべく、二重のチェックを行うよう部内のシステムを改善しました。また、私個人の業務に対しての意識も改め、これまで以上に真剣に対応することを誓います。

このたびの不始末を重ねてお詫びするとともに、真摯に再発防止に取り組むことを誓います。

誠に申し訳ありませんでした。

営業部 営業第一課
○○太郎 印

再発防止を心に誓い記入する

5-16

事務効率を上げる経費精算書

項目と金額をリンクさせよう

▼領収書とともに提出して支払処理を受ける

経費精算書は、電車賃や通信費を立て替えるなどした経費を申請し、支払処理を受けるための書類です。月末などの締め日までに経理担当者に申請しなければ支払処理が受けられなくなるように締め切りを設けている場合が多いでしょうから、すばやく申請できる精算シートがあると便利です。

経費の内容を示すには、レシートや領収書の日時のほか、「購入物や支払いの内容（摘要）」と金額を記載します。なお「分野（勘定科目）」は経費の種類を示しますが、社内のルールに従って記入しましょう。

なお、経費とは、売上を出すために必要となった物品購入や接待などに使うお金ですが、社員の担当権限によって買っても経費として認められる・認められないの規定が各社あるはずですので、これも社内ルールに従います（例：購買係や調達部がある会社では、備品や文房具などを勝手に購入できないなど）。

経費精算書の例

経費精算書

提出日	2015年11月30日
部署	営業１課
担当者	マイナビ太郎

❶

❷ ❸ ❹ ❺

月	日	分野	摘要	金額	備考
11	3	交通費	横浜⇔渋谷	¥640	
	4	接待費	A社会食	¥8,000	
	4	消耗品費	ステープラーの針	¥120	
	9	交通費	横浜⇔新宿	¥842	
	10	会議費	○△コーヒー	¥1,200	A社吉田様と打ち合わせ
	12	消耗品費	社用車ガソリン代		
	13	交通費	横浜⇔北参道	¥864	
	16	交通費	横浜⇔新宿	¥842	
	16	会議費	○△コーヒー	¥850	B社田中様と打ち合わせ
	17	接待費	D社忘年会会費	¥4,000	
	18	通信費	切手	¥150	
	18	消耗品費	クリップ	¥150	
	19	交通費	横浜⇔新宿	¥842	
	19	消耗品費	ガムテープ	¥200	
	20	交通費	横浜⇔北参道	¥864	
	20	接待費	B先生事務所忘年会会費	¥3,500	
	24	交通費	横浜⇔新宿	¥842	
	24	会議費	喫茶□□屋	¥800	営業田中、マイナビ2名
			合計	¥24,706	

経費精算書の主な要素

❶提出者の情報
❷各項目の使用日
❸支出の分野（勘定科目）
❹摘要
❺金額および合計

5-17

出金伝票・入金伝票の作り方

現金の出入金を管理しよう

▼領収書や受取記録の代わりに使用する

経費の精算の際は、購入記録のために必ず領収書やレシートの原本を添付する必要がありますが、**入出金伝票は、領収書が出せないお金の出入りを記録するために使用します**。お金の動きの記録を残すための書類です。ちょっとしたメモ紙なので、紙の伝票も人気ですが、よく使う人はデジタルデータで作成して効率化してみてはいかがでしょう。

出金伝票でよくある例は交通費の精算です。自動券売機で購入した切符などはレシートが出ないこともあるので、金額を控えておき、出金伝票を領収書の代わりに使用します。また、領収書を作ってもらえなかったり、なくしてしまったなど、事情を説明してやむを得ないと認められる場合も、伝票を切ります。仮払いで使用するときは、必ず担当者の印を押してもらうなど確認を取り、正式な領収書とともに精算します。

出金と同様、領収書などを発行してもらえない相手からお金を受け取って会社の収入として収める場合は入金伝票を切りましょう。

出金伝票・入金伝票の例

お金の出入りを明示しよう！

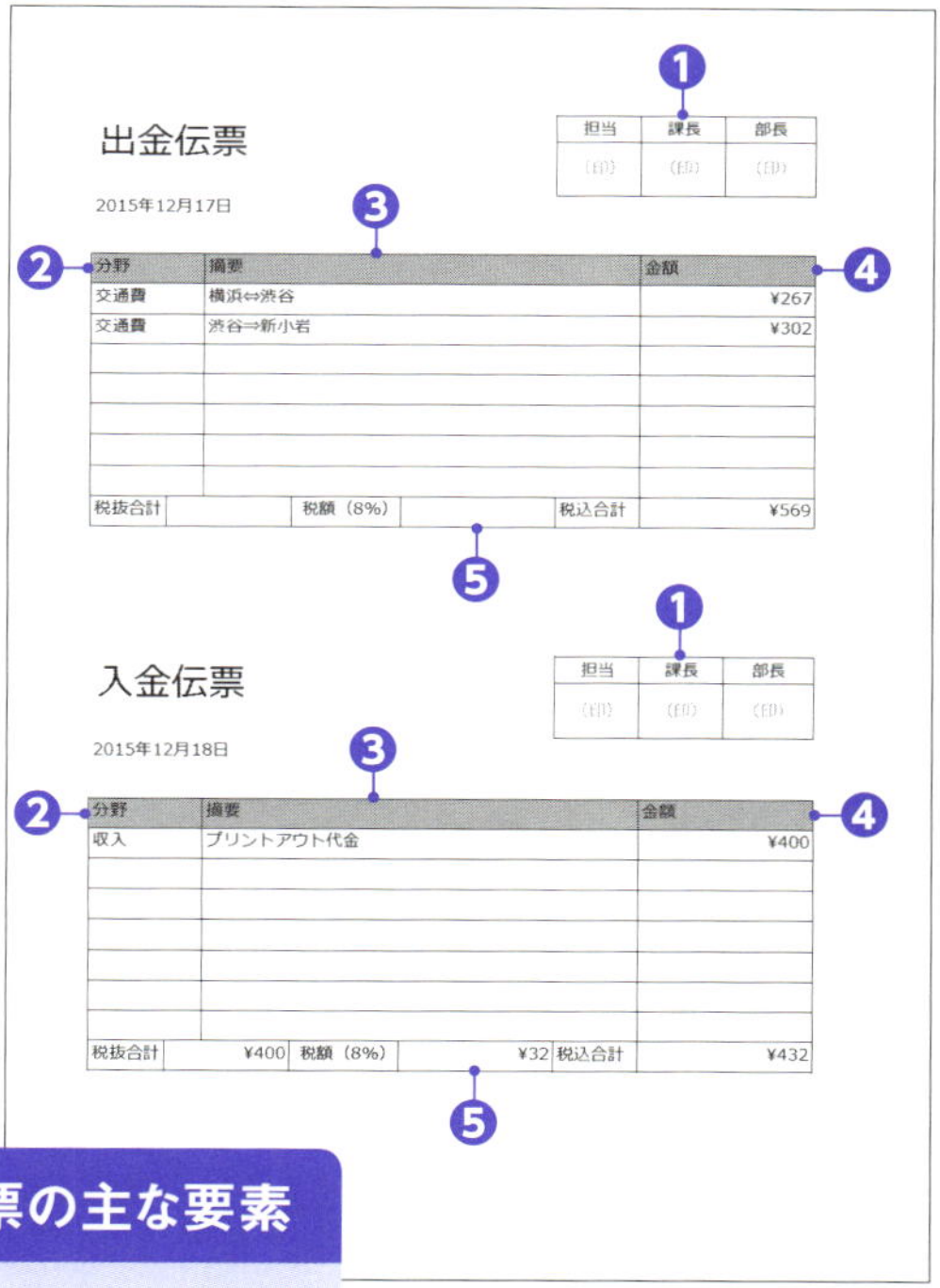

出金伝票

担当	課長	部長
(印)	(印)	(印)

2015年12月17日

分野	摘要	金額
交通費	横浜⇔渋谷	¥267
交通費	渋谷⇒新小岩	¥302

税抜合計		税額（8%）		税込合計	¥569

入金伝票

担当	課長	部長
(印)	(印)	(印)

2015年12月18日

分野	摘要	金額
収入	プリントアウト代金	¥400

税抜合計	¥400	税額（8%）	¥32	税込合計	¥432

出金伝票・入金伝票の主な要素

❶確認印欄

❷出金・入金の分野（勘定科目）

❸摘要

❹金額

❺税額

5-18

ミスが出ない仮払精算書

お金を使った項目を明示させよう

▼差引額にミスが出ないしくみにしておく

仮払精算書は、会社から**仮に受け取った経費代金に対して、実際に使用した経費を計算し、差引額を返還もしくは追加申請するための書類**です。

遠方への出張などは高額の経費がかかり、社員の自腹で月末までの経費立て替えが厳しい場合もあります。その際は仮払金として、経費を振り出してもらいます。出張から戻った際、実際に使用した経費をすべてまとめ、過不足金額を計算します。

文書の形式も目的も経費精算書とほぼ同じですが、あらかじめ、仮払金がいくらであったか、いつ、誰から受け取っているのかなどを確認した上で精算を行いましょう。仮払精算書にも、経費精算書と同じく、使用したレシートや領収書を添付したうえで提出します。

なお、仮払いを行う際に、仮払申請書を作成する場合もありますが、簡易化するのであれば、振り出しの際は出金伝票を使用し、仮払精算書で詳細を確認すればよいでしょう。

仮払精算書の例

差引額にミスが出ないフォーマットにしよう

仮払精算書

❶

仮払金	¥60,000
受取日	
目的	関西支店出張

❷

精算日	11月4日
所属	営業第一課
氏名	マイナビ太郎

日付	作業内容	科目	金額	備考
10月15日	大阪出張	交通費	¥23,000	
10月16日	大阪宿泊費	宿泊費	¥7,800	
10月17日	名古屋出張	交通費	¥18,000	
10月18日	名古屋宿泊費	宿泊費	¥7,800	
10月19日	大阪出張	交通費	¥23,000	
10月20日	大阪宿泊費	宿泊費	¥7,800	
❸	❹		❺	
		合計	¥87,400	
		差し引き過不足	¥-27,400	

❻

精算金額
不足分 ¥27,400

❼

仮払精算書の主な要素

❶仮払金額、受取日、用途
❷精算日、使用者名
❸日付
❹摘要、 科目
❺金額
❻合計金額
❼不足金額

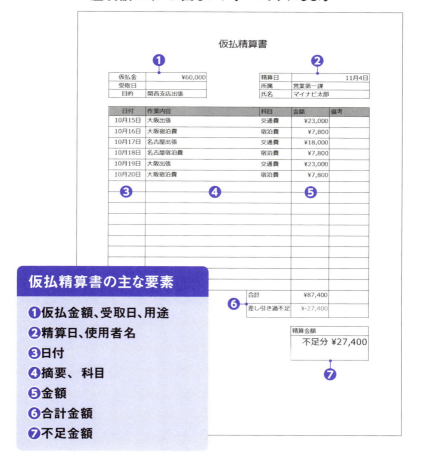

5-19

会議を行わずに書類で決裁を行おう

稟議書は社内の正式な判断を仰ぐ書類

▼上司に正式な許諾をとる

稟議書とは、会社で重要な決定を行う際に、関係者や役員などがその内容を検討し、同意のために捺印・承認するための書類です。「稟議が通る」「決裁をもらう」とは一般に、議題にかけていた提案などにGOが出た、と考えればOKでしょう。大きな組織内での決定や、大きな取引・購入を行う際など、複数の関係者のチェックと検討を確実・効率的に行うためのものです。

稟議書には、決まったフォーマットはありませんが、稟議する件名、その内容、理由などをわかりやすく記載します。稟議する内容はさまざまです。見積書や、そのほかの添付資料があれば、稟議書内に記載するのではなく、別途添付するのがよいでしょう。

稟議書内では、それを実行することのメリットや目的を単純明快に記載できるとよいでしょう。説得力を増すために、場合によっては数値や見込み売り上げなど、得られるメリットを明確に示すことも有効です。

稟議書の例

誰が承認したか一目でわからせよう

稟議書

❶

決議	受付日	起案日
□承認 □条件付承認 □差し戻し □否決	2015年12月3日	2015年11月30日
	決裁日	責任者
	2015年12月3日	マイナビ太郎　（印）
	部署名	担当者
	システム開発部	玉田一郎

❷

決裁条件
現金にて支払い

❸ ❹

件名
新アルバイト用、追加パソコン購入
目的・概要 12月末に増員されるアルバイト用のパソコン購入のための費用。 市場価格調査による金額は別紙１の通り。

❺

実施日	

❻

発注先	発注金額	
	発注先名	
	発注先住所	

❼

添付書類	別紙１「価格調査結果」

❽

所属長	部長	経理	社長
（印）	（印）	（印）	（印）

稟議書の主な要素

❶決議項目欄
❷決裁条件
❸件名
❹目的、概要
❺実施日
❻発注先
❼添付書類の有無
❽決裁印欄

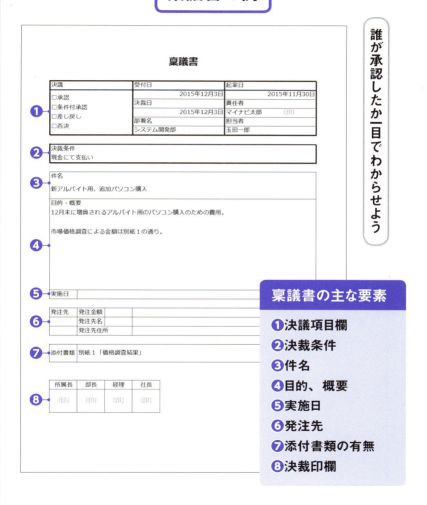

コラム

ビジネスドキュメントやプロジェクト共有時のポイントとは

業務やプロジェクトの効率化を進める際には、「情報やスケジュールのスムーズ共有」や「リモートでのドキュメント管理」といったキーワードが取りざたされます。業務ドキュメントのオンライン化と共有化による最大のメリットは、常に最新の情報を、社員全員がどこからでも共有できることでしょう。

これらを実現するツールは、無料のものではGoogleの各種のドキュメント作成機能やカレンダーの機能、国産ではサイボウズLive!などさまざまなものが業務効率化に利用されています。こういったオンラインのコラボレーションツールを利用すれば、インターネットがあればどこからでも書類にアクセスでき、最新の情報を入手することができ、業務報告作成のためにわざわざ社に戻るといった手間からも開放されます。

一方で、新しいツールの導入時は、複雑で多機能であればあるほど、デジタルデバイドが問題になります。ツールが使いこなせない一部の社員は、業務効率を落としてしまうのです。導入コストが掛かっていては簡単にツールを廃止するのも難しくなる可能性が……。どんなツールがユーザーにとってメリットで、また何が負担になりうるかを考えながら、シンプルなチョイスを心掛け得ましょう。

第６章

すぐに使えるビジネス文書フォーマット

6-01

在職証明書を作ろう

従業員の在職を証明する

▼在職証明書に決まった様式はない

在職証明書は、従業員が在職していることを会社として証明するための書類です。用途はさまざまですが、発行時に特別な項目記載の要請がなければ、次のような項目が記載してあれば問題ありません。

必要な項目は、従業員の「氏名」「生年月日」「現住所」です。これらは、個人を特定する情報です。「就業年月日」「職種（業務の内容）」などは、どんな内容の仕事を何年くらいやっているのか知るための情報です。保育園などへの提出用に「勤務時間」の項目を求められることがありますので、項目に加えておいてもいいかもしれません。最後に「上記の通りであることを証明する」として、発行日と会社の住所、会社名、代表取締役名などを記載して押印します。押印のないものは無効となりますのでご注意ください。

在職証明書の発行は雇用主の義務ではありませんが、提出を求められることの多い書類ですので、用意しておいたほうがいいでしょう。

在職証明書の例

在職証明書

氏名《ふりがな》・性別	まいなび たろう マイナビ 太郎	男・女
生年月日	昭和 平成 43年 1月 31日	
現住所	〒101 － 0000 東京都千代田区□□□□□□	
就業年月日	昭和 平成 10年 4月 1日	
職種	営業	
勤務時間	午前 午後 9時 00分から 午前 午後 5時 30分まで	
備考		

上記の通りであることを証明いたします。

平成 28年 1月 4日

〒101-0000
東京都千代田区□□□□□□ △△△△ビル 2階
株式会社○○○○商事
代表取締役 ○○○○ 角印
03-0000-0000(代表)

❶ ❷ ❸ ❹ ❺ ❻ ❼

在職証明書の主な要素

❶氏名
❷生年月日
❸現住所
❹就業年月日（入社日）
❺職種（営業、事務、工場作業員など）
❻勤務時間
❼発行日、社名、会社住所、代表者名、角印

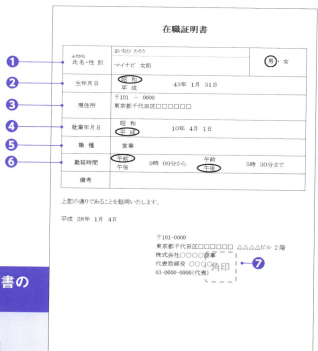

6-02

退職証明書の作り方

従業員の退職とその理由を証明する

▼退職証明書には離職者の希望項目のみを記載する

退職証明書は、離職者（退職した元従業員）が退職後に退職の理由（解雇の場合にはその理由を含む）について**証明書を請求した場合には、遅滞なく交付しなければならない**という旨の労働基準法に基づいて発行する書類です。様式は決まっていませんが、離職者が請求していない項目については記入してはいけないことになっています。

必要な項目は、「離職者名」「退職年月日」「退職の事由（理由）」です。これに、発行日と会社の住所、会社名、代表取締役名などを記載して押印します。押印のないものは無効となりますのでご注意ください。

退職の事由が解雇によるものの場合、請求に応じて詳細な解雇事由の記載が求められることがあります。解雇事由まで記載請求されることはあまり多くはありませんので、サンプルでは解雇事由の記載を別紙にしてあります。サンプルにはありませんが、給与についての記載を求められた場合は、「年収〇〇〇万円」などの記載ですむことが多いようです。

退職証明書の例

退職証明書

❶マイナビ　太郎　殿

以下の通り、あなたは当社を退職したことを証明します。

❷退職年月日	平成　２７年　１２月　２４日
❸退職の事由	① あなたの自己都合による退職　（②を除く。） ② 当社の勧奨による退職 ③ 定年による退職 ④ 契約期間の満了による退職 ⑤ 移籍出向による退職 ⑥ その他（具体的には　　　　　　　　　） による退職 ⑦ 解雇（別紙の理由による。）

平成　２８年　１月　４日

❹〒101-0000
東京都千代田区□□□□□□　△△△△ビル２階
株式会社○○○○商事
代表取締役　○○○○　角印
03-0000-0000（代表）

退職証明書の主な要素

❶氏名
❷退職年月日
❸退職の事由
❹発行日、社名、会社住所、代表者名、角印

別紙に記載する主な解雇理由

- 天災その他やむを得ない理由
- 事業縮小等当社の都合
- 職務命令に対する重大な違反行為
- 業務について不正な行為
- 相当長期間にわたる無断欠勤をしたこと等勤務不良であること

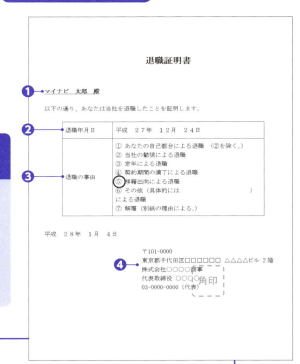

6-03

退職時誓約書を作ろう

退職後の情報漏洩防止などを約束させる

▼退職後に会社に不利益を与えないことを誓約させたいが…

退職者が退職後、会社に不利益となるような行動をしないように誓約させるための書類が、退職時誓約書です。従業員は在職中に私的な理由で同業者の利益かつ、自社の不利益となるような行為が禁じられた「競業《きょうぎょう》避止義務《ひしぎむ》」を負っていると考えられます。これを、退職後も守ることを誓約してもらうための項目が必要です。具体的には、**在職中に知り得た情報の漏洩や技術を退職後に使用しないことや、会社の誹謗中傷などを公の場でしないこと**などとなります。

しかし、この退職時誓約書には大きな問題があります。それは、誓約が義務ではないことです。入社時に退職時誓約書の同意の契約がある場合を除き、退職時誓約書の提出は難しいと考えるべきでしょう。

そこで、次項で紹介する「入社誓約書」にあらかじめ「退職時誓約書」の内容を盛り込むことが一つの解決策となります。

退職時誓約書の例

株式会社○○○○○
代表取締役社長　○○○○殿

退職時誓約書

私は、貴社を退職するにあたり、下記の事柄を遵守し、退職後も貴社に一切のご迷惑をおかけしないことを誓約します。

記

1. 貴社に在籍中に知り得た貴社（子会社、関係会社を含む）が秘密として管理する、技術・営業・人事上の情報（以下「機密情報」という）について、退職後これを他に開示・漏えいしたり、自ら使用しない。

2. 在籍中に入手した文書、図面、写真、サンプル、磁気テープ、フロッピーディスク等、業務に使用したものは、複製またはコピーすることなく一切を返還する。

3. 機密情報は、貴社に帰属することを確認し、貴社に対して機密情報が自己に帰属する旨の主張をしない。

4. 貴社物品の不正な流用等により、貴社に損害を与えた場合は、そのものの責を負う。

5. 貴社の誹謗・中傷をしない。

6. 本誓約書に違反して損害が生じた場合、その損害賠償請求に異議なく応じる。

以上

平成　年　月　日

住所

氏名　㊞

情報漏洩をできるかぎり防止

6-04 入社誓約書の作り方

新入社員に会社の方針を約束させる

▼在職中から退職後までの誓約を行わせる

入社誓約書は、新卒や中途採用で新たに社員となる従業員に、会社の方針や勤務地、配属などについて指示に従うことを誓約させる書類です。新卒社員にとっては、社会人として初めて行う契約でもあり、誠実な社会人になることを自分に誓うための書類としての意味もあるでしょう。

内容は、会社や業種によって大きく異なってきますが、主に**就業規則の遵守と会社の方針への同意、個人情報などの漏洩防止への誓約**となります。これに、前項「退職時誓約書」でも説明した、退職後に会社の不利益となるような行為を行わないことに同意する内容を盛り込むことが必要です。

入社時に退社後行動について誓約させるのは気分的にはあまりよくないかもしれませんが、退職時に退職時誓約書への同意を取ることは難しいため、入社誓約書に盛り込むことが必要となります。

入社誓約書の例

株式会社　○○○○
代表取締役社長 ○○○○殿

入 社 誓 約 書

このたび、貴社に社員として入社するにあたり、下記の項目を厳守することを、ここに誓約致します。

記

1. 貴社の就業規則およびその他諸規則を厳守し、上長の指示に従い、他の社員と協力して誠実に仕事に取り組みます。
2. 勤務地の変更や勤務内容の変更、職種の転換、関連会社への出向等、貴社の指示に従います。
3. 貴社の秘密情報、貴社社員とその家族の個人情報については、在職中はもとより退職後も貴社の許可なく、いかなる方法をもってしても、開示、漏えいもしくは使用しないことを約束致します。
4. 社内外にかかわらず、貴社の名誉や信用を傷つけるような行為は致しません。
5. 退職後、貴社に在籍中に知り得た貴社（子会社、関係会社を含む）が秘密として管理する、技術・営業・人事上の情報（以下「機密情報」という）について、退職後これを他に開示・漏えいしたり、自ら使用しません。
6. 退職後、在籍中に入手した文書、図面、写真、サンプル、記憶媒体等、業務に使用したものは、複製またはコピーすることなく一切を返還します。
7. 退職後、機密情報は貴社に帰属することを確認し、貴社に対して機密情報が自己に帰属する旨の主張をしません。
8. 退職後、貴社物品の不正な流用等により、貴社に損害を与えた場合は、そのものの責を負います。
9. 退職後、貴社の誹謗・中傷をしません。
10. 退職後、本誓約書の第 5 項～第 9 項に違反して損害が生じた場合、その損害賠償請求に異議なく応じます。

以　上

平成　　年　　月　　日

住所

氏名　　㊞

入社時の誓約書は同意が取りやすい ▶ **退職後に会社に不利益を与えないことを、入社時に誓約させる**

6-05

選考結果通知書で注意すること

採用試験の選考結果を通知する

▼採用通知書で、入社までの手順を伝える

入社採用試験の選考結果は、内容により文書で行います。**採用することが決まった場合には、入社までの手順などを伝えるために文書で通知する**ことが不可欠です。不採用の場合にも不採用の通知を文書で行うことがありますが、受験者が多数の場合には費用的にも作業的にも大きな負担となりますので、あらかじめ「採用時のみ○月○日までに連絡をします」と断っておくことも方法の一つとなります。

採用、不採用を問わず通知書に必要な項目は、受験者の氏名です。不採用通知の場合は、不採用を伝える以外の目的はありませんので、氏名と日付以外は常に同一のものを使うことができます。採用通知では、今後の手順や同封する書類の処理などについての説明を行いましょう。前項の「入社誓約書」などを同封し捺印後返送を希望する場合は、その旨の記載を行います。入社前に問い合わせなどを行うことのできる連絡先についても明記しましょう。

選考結果通知書の例

平成27年11月22日

□□□□様

株式会社○○○○
人事部長　○○○○　角印

選考結果のご通知

拝啓　時下ますますご清祥のこととお喜び申し上げます。

さて、このたびは弊社の募集に際し、ご応募頂きありがとうございました。
弊社にて慎重に審議した結果、遺憾ながらご希望に添いかねることになりました。
なにとぞあしからずご容赦くださいますよう、お願い申し上げます。
末筆ではありますが、□□様のより一層のご活躍をお祈りいたします 。

敬具

平成27年11月21日

□□□□様

株式会社○○○○
人事部長　○○○○　角印

選考結果のご通知

拝啓　時下ますますご清祥のこととお喜び申し上げます。

さて、このたびは弊社の募集に際し、ご応募頂きありがとうございました。
選考の結果、貴殿を採用することと決定いたしましたので、謹んでお知らせいたします。

つきましては、同封の誓約書をご確認の上、記名、押印をしてご返送くださいますよう、
お願いいたします。

入社前の手続きなどにつきましては、改めてご案内をお送りいたします。

敬具

必要なのは、採用通知のみ。「採用時のみ○月○日までに連絡する」と断ることで、不採用の通知は不要となる。

6-06

退職届、退職願、辞表の作り方

退職の意思を表明する

▼似ているようで違う3種の書類

会社を辞めたいときに退職の意思を表示するための書類には、一般的に「退職届」「退職願」「辞表」の3種類があります。**書式に決まりはありませんが、一般的にB5判の縦書き**を用います。

「退職届」は、「誰が、いつ退職するのか」という決定事項を記入します。これに対して「退職願」は、「誰が、いつ退職したいのか」という希望事項を記入します。「退職願」は、会社に対して「退職したいので認めてください」という書類ということになります。退職の意思がはっきりしているときには、「退職します」と明記した「退職届」を提出するようにしましょう。

「辞表」は一般的に会社の役員や、公務員が使用します。会社の役員は採用されているのではなく、取締役会によって任命されている立場ですので「辞任」の希望を表明する書類となります。

退職届、退職願、辞表の違い

退職届

このたび、一身上の都合により、来る平成○○年○月○日をもって、退職いたします。

平成○○年○月○日

第一営業部第一課

△△△△ 印

株式会社□□□□商事

代表取締役社長　□□□□様

退職願

このたび、一身上の都合により、来る平成○○年○月○日をもって、退職いたしたくここにお願い申し上げます。

平成○○年○月○日

第一営業部第一課

△△△△ 印

株式会社□□□□商事

代表取締役社長　□□□□様

辞表

私は、このたび一身上の都合により、来る平成○○年○月○日をもって、貴社の取締役を辞任いたしたく、お届けいたします。

平成○○年○月○日

東京都千代田区一ツ橋二丁目六番三号

△△△△ 印

株式会社□□□□商事御中

退職届：退職の報告、退職は決定済み。通常はこれを用いる

退職願：退職を願い出る書類。断られることもある

辞　表：主に会社の役員や公務員が使用する

6-07

従業員に渡す給与の明細書を作ろう

3つの記載欄で支給額を明記

▼諸手当欄は給与条件に合わせて追加、削除する

給与明細書は、**従業員の労働に対して支払われる給与の細目について記した書類です。**

給与明細書には、大きく分けて3つの記載欄を設けます。ひとつが「勤怠状況」欄です。ここには、給与算出期間の「残業」「休日出勤」「遅刻」「有給休暇」などの勤怠状況について記載します。次に「支給額」欄です。ここには、「基本給」「各種手当」とそれらを合計した「総支給額」を記載します。最後が「控除額」欄です。ここには、「健康保険料」「年金」「雇用保険」など非課税対象の項目とその合計を「社保合計」として記載します。そして、「支給額」欄の「総支給額」から「社保合計」と非課税対象の「通勤手当」を差し引いた合計額を「課税対象」として記載します。さらに、「課税対象」額に対しての「所得税」として、住民税の特別徴収による当月の納付分を「住民税」として記載します。

これらの「控除合計」を「総支給額」から差し引いた額を「差引支給」として表示します。この「差引支給」の額が実際に振り込まれる「手取り額」となります。

給与明細書の例

平成 27 年 9月分 給与支給明細

社員番号 12345 マイナビ太郎 殿

勤怠状況	標準出勤日数	20.0	日
	出勤日数	20.0	日
	欠勤日数	0.0	日
	有給日数	0.0	日
	特休日数	0.0	日
	遅早時間	0.0	時間
	時間外勤務	0.0	時間
	深夜時間	0.0	時間
	休出時間	0.0	時間
	有給休暇残日数	8.0	日
	代休消化	0.0	日
	代休残日数	1.0	日
支給額	基本給	¥200,000	
	役職手当	¥0	
	家族手当	¥0	
	扶養手当	¥0	
	時間外手当	¥0	
	深夜手当	¥0	
	休日出勤手当	¥0	
	通勤手当	¥14,000	
	総支給額	¥214,000	
控除額	健康保険	¥6,400	
	介護保険	¥0	
	厚生年金	¥14,996	
	雇用保険	¥1,246	
	社保合計	¥22,642	
	課税対象	¥177,358	
	所得税	¥3,690	
	住民税	¥9,800	
	税調整	¥0	
	旅行積立	¥0	
	その他	¥0	
	特別減税	¥0	
	控除合計	¥36,132	
	差引支給	¥177,868	

株式会社マイナビ商事

係印

給与明細書の項目例

❶勤怠状況：給与算定期間の勤怠状況を記載
❷支給額：基本給、各種手当とその合計を記載
❸控除額：控除される項目の金額と合計
❹差引支給額

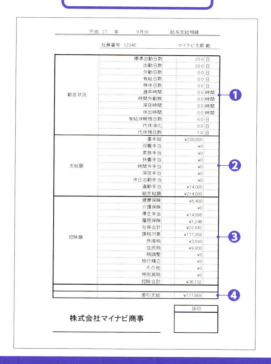

6-08

法定三帳簿のひとつ労働者名簿を作ろう

労働者名簿、社員台帳

▼法定項目に加えて緊急連絡先なども記録

労働者名簿は、従業員の個別の情報を記載した書類です。**雇用主は、すべての従業員について、労働者名簿を作成・保管することが労働基準法で義務づけられています。**正規雇用者だけでなく、パートタイマーやアルバイトについても作成が義務づけられていますが、日雇労働者についての作成義務はありません。

労働者名簿へは、「労働者の氏名」「生年月日」「履歴」「性別」「住所」「業務内容(労働者30人未満の場合は記載不要)」「採用の年月日」「退職(解雇)の年月日とその理由」「死亡の年月日とその原因」を必ず記載します。

この内容に加えて、従業員が不慮の事故に遭ったときなどの緊急連絡先や本人の電話番号など、業務に必要と思われる項目を合わせた社員台帳を作りましょう。

労働者名簿は、労働者の退職、解雇または死亡の日から3年間の保存が義務づけられています。必ず3年前の名簿までは遡って参照できるように保存しておきましょう。

労働者名簿を兼ねた社員台帳の例

社員台帳

社員番号	123456				(男)・女
ふりがな	まいなび　たろう				
氏名	マイナビ太郎				
生年月日	昭和　51年　1月　31日				
入社日	平成　11年　4月　1日				
自宅	〒101-0003 東京都千代田□□□□□□□□				
本籍地	〒 同上				
電話番号	03-0000-0000				
携帯電話	090-0000-0000				
緊急連絡先	マイナビ十兵衛（父親）		090-0000-0000		
家族	氏名		続柄	生年月日	
	マイナビ花子		妻	昭和　60年　1月　3日	
	マイナビ恵子		長女	平成　20年　4月　10日	
	マイナビ一郎		長男	平成　22年　8月　7日	
健康保険	番号:	XXXXXXXXX		平成　11年　4月　1日 取得	
厚生年金	番号:	XXXXXXXXX		平成　11年　4月　1日 取得	
雇用保険	番号:	XXXXXXXXX		平成　11年　4月　1日 取得	
異動履歴	年	月	支店／部	課	役職
	平成11年	4	本店営業部	第1課	
	平成22年	4	一ツ橋支店	営業課	係長
従事する業務の種類	営業職				
免許・資格	普通自動車運転免許			平成　7年　8月 取得	
				年　月 取得	
学歴	卒業年	学校名		学科	
	平成11年	〇〇大学		経済学部経営学科	
解雇・退職または死亡	平成　年　月　日（解雇・退職・死亡）				
	事由				
備考					

- 労働者名簿は法律で作成・保管が義務づけられた書類
- 「労働者の氏名」「生年月日」「履歴」「性別」「住所」「業務内容（労働者30人未満の場合は記載不要）」「採用の年月日」「退職（解雇）の年月日とその理由」「死亡の年月日とその原因」を必ず記載する
- 上記に緊急連絡先や電話番号を合わせて社員台帳とすると便利

6-09

法定三帳簿のひとつ賃金台帳を作ろう

賃金台帳、給与台帳

▼従業員への支払いをきちんと管理

賃金台帳は、従業員ひとりひとりの労働に対し、給与を支払うために、その基礎となる情報や、額を管理・記載するための書類です。**雇用主は、すべての従業員について、賃金台帳を作成・保管することが労働基準法で義務づけられています**。正規雇用者だけでなく、パートタイマーやアルバイト、日雇労働者についても作成することが義務づけられています。

賃金台帳へは、「従業員の氏名」「性別」「賃金の計算期間」「労働日数」「労働時間」「時間外労働」「休日労働」「深夜労働の時間」を必ず記載します。また、「基本給」、ある場合は「手当の種類と金額」を記載した上、税金、保険などで賃金の一部を控除(差し引くこと)した場合は、その項目と金額を示します。

賃金台帳は、最後に記入したときから3年間の保存が義務づけられています。必ず3年前の台帳までは遡って参照できるように保存しておきましょう。

賃金台帳の例

賃金台帳は、従業員ひとりひとりの労働に対し、給与を支払うために、その基礎となる情報や、額を管理・記載するための書類。最後に記入したときから3年間の保存が義務づけられている

平成27年　賃金台帳

生年月日	雇用年月日	部署	氏名	性別
昭和60年1月31日	平成20年4月1日	営業部	マイナビ太郎	男

6	賃金計算期間	1月	2月	3月	4月	5月	月	11月	12月	賞与1
7	労働日数	18	19	22	21		21	19	22	
8	労働時間数	136 時間	152	186	168		168	162	181	
9	時間外労働	20 時間	0 時間	10 時間	0 時間		0 時間	10 時間	5 時間	
10	休日労働	8 時間	0 時間	0 時間	0 時間		0 時間	0 時間	0 時間	
11	深夜労働	0 時間	0 時間	0 時間	0 時間		0 時間	0 時間	0 時間	
12										
13	基本給	¥250,000	¥250,000	¥250,000	¥250,000		¥250,000	¥250,000	¥250,000	¥375,000
14										
15										
16										
17										
18	時間外労働手当	¥30,000	¥0	¥15,000	¥0		¥0	¥15,000	¥7,500	
19	休日労働手当	¥12,000	¥0	¥0	¥0		¥0	¥0	¥0	
20	深夜労働手当									
21	通勤手当（課税）									
22	通勤手当（非課税）	¥12,300	¥12,300	¥12,300	¥12,300		¥12,300	¥12,300	¥12,300	
23	課税合計	¥292,000	¥250,000	¥265,000	¥250,000		¥250,000	¥265,000	¥257,500	¥375,000
24	非課税合計	¥12,300	¥12,300	¥12,300	¥12,300		¥12,300	¥12,300	¥12,300	¥0
25	総支給額	¥304,300	¥262,300	¥277,300	¥262,300		¥262,300	¥277,300	¥269,800	¥375,000
26	健康保険料	¥9,000	¥9,000	¥9,000	¥9,000		¥9,000	¥9,000	¥9,000	¥13,000
27	介護保険料									
28	厚生年金保険料	¥20,000	¥20,000	¥20,000	¥20,000		¥20,000	¥20,000	¥20,000	¥31,000
29	雇用保険料	¥1,600	¥1,600	¥1,600	¥1,600		¥1,600	¥1,600	¥1,600	
30	社会保険料合計	¥30,600	¥30,600	¥30,600	¥30,600		¥30,600	¥30,600	¥30,600	¥44,000
31	課税対象額	¥261,400	¥219,400	¥234,400	¥219,400		¥219,400	¥234,400	¥226,900	¥331,000
32	所得税	¥5,500	¥5,500	¥5,500	¥5,500		¥5,500	¥5,500	¥5,500	¥14,000
33	住民税	¥11,000	¥11,000	¥11,000	¥11,000		¥11,000	¥11,000	¥11,000	
34										
35										
36	控除額合計	¥47,100	¥47,100	¥47,100	¥47,100		¥47,100	¥47,100	¥47,100	¥58,000
37	差引支給金額	¥257,200	¥215,200	¥230,200	¥215,200		¥215,200	¥230,200	¥222,700	¥317,000
38	領収印									

賃金台帳に必ず記載しなければならない項目

「従業員の氏名」「性別」「賃金の計算期間」「労働日数」「労働時間」「時間外労働」「休日労働」「深夜労働の時間」「基本給」、ある場合は「手当の種類と金額」を記載した上、税金、保険などで賃金の一部を控除した場合は、その項目と金額を示す

6-10

法定三帳簿のひとつ出勤簿を作ろう

出勤簿、勤怠管理表

▼出金した記録をきちんと管理

出勤簿(勤怠管理表)は、会社では**すべての従業員について作成することが、労働基準法によって義務づけられています**。出勤簿といえば、何時に出社して何時に退社したかという記録ですから、タイムカードがまず思い浮かびます。タイムカードのままでも、記録が残っていればよいですが、そのままでは賃金を計算することができません。タイムカードなどからエクセルシートへ転記して、記録・計算するのが便利でしょう。

出勤簿の必要記載事項は、「従業員の氏名」と、「労働日数」「労働時間数」「時間外労働」がわかるための出退勤時刻の記録です。労働日数、時間数が把握できる状態であれば、フォーマットに制限はありません。また、従業員本人がその退勤時刻を確認する必要があり、雇い主が勝手に記帳するのは認められません。

勤務時間帯によって時間給に違いがない場合や、定額残業制で残業時間によって給与が変わらないとしても、雇用者の労働時間は適切に記録する必要があります。

出勤簿・勤怠管理表の例

出勤簿の退勤時刻は、従業員本人が確認する必要があり、雇い主が勝手に記帳するのは認められていない

勤怠管理表

2015　年　12 月

社員NO		確認
氏名		印

出勤日数	22	有休取得日数	1	早出残業時間	11:00
欠勤日数	0	代休取得日数	1	早朝深夜勤務時間	0:00
総就業時間	174:30	代休取得日数	1		

日	曜日	勤怠区分	就業時刻		就業時間			小計
			出社	退社	基本	早出残業	休日深夜	
1	(火)	出勤	8:30	17:30	8:00			8:00
2	(水)	出勤	8:30	17:30	8:00			8:00
3	(木)	出勤	8:30	17:30	8:00			8:00
4	(金)	出勤	8:30	21:30	8:00	4:00		12:00
5	(土)							0:00
6	(日)	出勤	10:00	17:00		7:00		7:00
7	(月)	代休						0:00
		出勤		17:00	7:30			
21	(月)	出勤	8:30	17:30				8:00
22	(火)	出勤	8:30	17:30	8:00			8:00
23	(水)	出勤	8:30	17:30	8:00			8:00
24	(木)	出勤	8:30	17:30	8:00			8:00
25	(金)	出勤	8:30	17:30	8:00			8:00
26	(土)							0:00
27	(日)							0:00
28	(月)	出勤	8:30	17:30	7:30			7:30
29	(火)	出勤	8:30	17:30	7:30			7:30
30	(水)	出勤	8:30	17:30	7:30			7:30
31	(木)	出勤	8:30	17:30	7:30			7:30
							合計	174:30

出勤簿・勤怠管理表に必ず記載しなければならない項目

「従業員の氏名」及び「労働日数」「労働時間数」「時間外労働」がわかるための出退勤時刻の記録

6-11 年次有給休暇管理台帳の作り方

従業員の有給休暇情報を管理しよう

▼従業員の有給休暇の日数を計算する

年次有給休暇管理台帳は、従業員の休暇の取得日数と残数を管理・確認するための台帳となります。

労働基準法で定められた従業員に与えられる権利で、賃金が払われる休暇のことを、有給休暇といいます。基本的に雇い入れから6カ月後に発生し、次第に追加されて最大で年20労働日（勤続6年6カ月）の付与となります。年次有給休暇は労働者の権利ですから、取得できる状況であるにもかかわらず取得を認めない場合は、労働基準法違反になります。

有給休暇は原則として破棄してはならない権利とされていますから、その年ごとに取得するのが望ましいですが、時効が用意されており、2年までは繰り越しが可能です。発生した日から2年経った時点の未消化分については無効となるので、計画的に取得できるように配慮しましょう。

年次有給休暇管理台帳は個人ごとに用意すると管理がしやすいでしょう。

年次有給休暇管理台帳の例

有給休暇は、労働基準法で定められた従業員に与えられる権利で、賃金が払われる休暇。基本的に雇い入れから６カ月後に発生し、次第に追加されて最大年 20 労働日（勤続６年６カ月）の付与となる。年次有給休暇管理台帳は、これを管理するための台帳

	A	B	C	D	E	F	G	H	I	J
1	年次有給休暇管理台帳							部署名		
2								氏名		
3										
4	2016年度				勤続年数			入社年月日	2014/9/1	
5	本年度付与日数		10		前年度残日数	2		合計取得可能日数		12
6										
7	年次有給休暇年月日					使用日数		残日数	備考	
8	2016年1月7日		～		2016年1月8日	2		10		
9	2016年8月5日		～		2016年8月8日	4		6		
10	2016年9月1日		～		2016年9月1日	1		5		
11			～							
12			～							
13			～							
14			～							
15			～							
16			～							
17			～							
18			～							
19			～							
20			～							
21			～							

有給休暇は、発生した日から２年経った時点の未消化分については無効となるので注意

6-12

履歴書の作り方

学歴、職歴とともに自分をアピールする

一つでも多くアピールすることを考える

履歴書は、就転職やアルバイト応募などの求職に必須の書類です。決まった書式での提出を要求されていなければ、市販のものを利用して構いません。各要素は履歴書によって大きく変わることはありません。**基本的には、すべての欄を埋めることを心がけましょう。**

「日付」は提出日の日付を入れます。Eメールでの連絡を希望する会社もありますので、持っていない場合はフリーアドレス等を取得して記入します。

新卒などで職歴がない場合は「なし」と明記します。在学中のアルバイトは基本的に職歴に記入しませんが、アルバイトへの応募の場合は記入しましょう。正社員への応募でアルバイトの実績をアピールする場合は、次ページの「アピールポイント」欄に記入します。

「免許・資格」欄には保有する免許や、国家資格以外に民間の資格も記入します。「志望の動機、好きな学科、アピールポイント」欄には「何ができるか？　何をしたいか？」などを中心に書くといいでしょう。「本人希望欄」は職種に応じて希望を記入してください。

履歴書の例

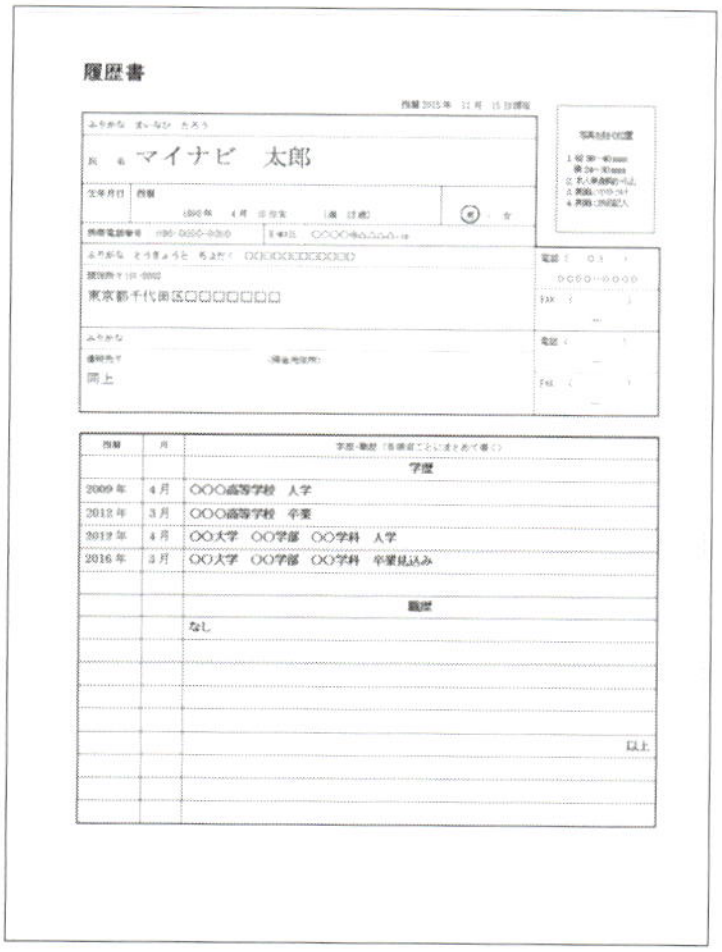
履歴書

年	月	学歴・職歴
		学歴
2009 年	4 月	○○○高等学校　入学
2012 年	3 月	○○○高等学校　卒業
2012 年	4 月	○○大学　○○学部　○○学科　入学
2016 年	3 月	○○大学　○○学部　○○学科　卒業見込み
		職歴
		なし
		以上

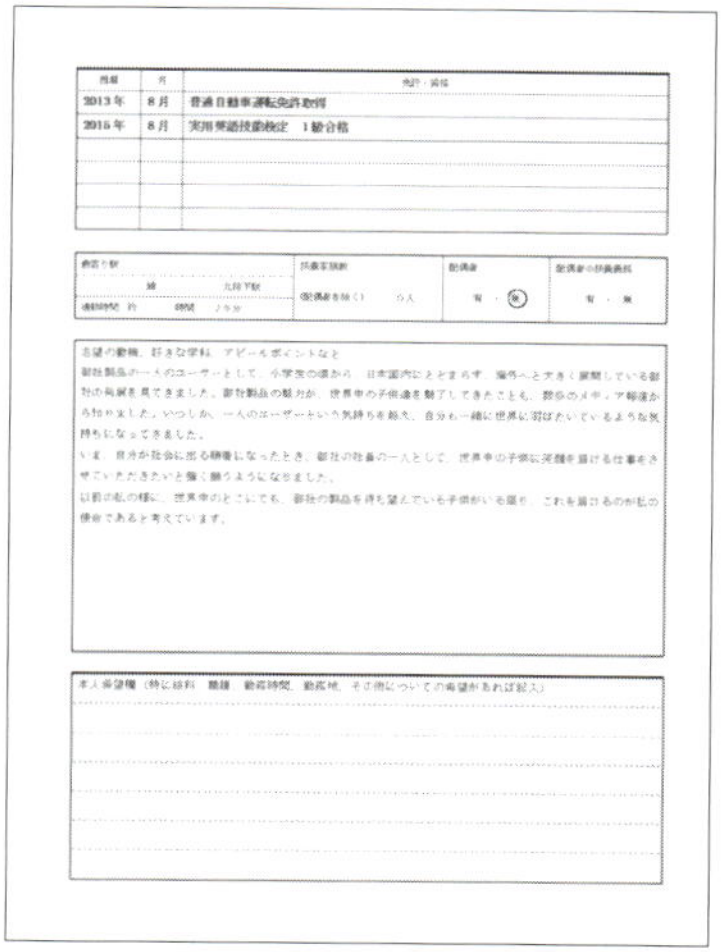

年	月	免許・資格
2013 年	8 月	普通自動車運転免許取得
2015 年	8 月	実用英語技能検定　1級合格

- 基本的には、すべての欄を埋めることを心がける
- 「日付」は提出日の日付を入れる
- Eメールを持っていない場合はフリーアドレス等を取得して記入
- 新卒などで職歴がない場合は「なし」と明記する
- 在学中のアルバイトは基本的に職歴に記入しない
- 「免許・資格」欄には国家資格以外に民間の資格も記入できる
- 「志望の動機、好きな学科、アピールポイント」欄には、「自分が入社したら何ができるか？　何をしたいか?」などを中心に書こう
- 「本人希望欄」は職種に応じて希望を記入する

おわりに

インターネットの普及とともに、ビジネスの現場にはＥメールが浸透してきました。それ以前のビジネスでの通信手段は基本的に電話、ＦＡＸと郵便によるものが主流でしたが、今や大人なら誰でも一つ以上のメールアドレスを持ち、パソコンやスマートフォンなどの自分専用の端末でそれらを送受信することが当たり前の時代です。通信手段の主流がＥメールに代わり、ビジネスで取り交わされるビジネス文書が電子化されても何の不思議もありません。

便利さから、長くオフィス機器の主役でもあったＦＡＸも、すでにその地位を電子メールに譲っています。ＦＡＸ送付状に大きく「親展」と書かれた文書を、誰がとがめることもなく、誰もが手に取ることのできるような環境では、現代のセキュリティには対応できません。

そして、平成十三年に、電子署名が署名や押印と同等の法的効力を持つことを定めた電子署名法が施行され、平成十七年四月にはｅ－文書法施行により、商法や税法で保管が義務づけられている文書の一部について、電子化された文書ファイルでの保管が認められるようになりました。ビジネスの現場での、文書の電子化、契約の電子化は法律の側面からも準備が整ってきています。

もう十年もすると、プリンターすら過去の遺物のように扱われる時代が来るのかもしれません。そして、それと同時に印刷された書類に署名をしたり押印したりする、昔ながらのビジネス文書は、その姿を消していくのかもしれません。

そんな時代が来たとしても、そのビジネス文書の中に息づく、日本人ならではの心遣いの文章は、電子化された後にも残していきたいものです。

尾上雅典

索引

●著者
尾上雅典（おのえ・まさのり）
大学在学中からライターとして活動を始める。卒業後技術系出版社に入社。エンタープライズ製品の OEM マニュアル制作、パソコン関係月刊誌の編集を行う。2001 年広告制作プロダクション移籍。コピーライターとして上場企業をクライアントに WEB サイトの企画とコピーワークを行う。05 年独立。コピーライター業務の傍ら経営者として、経理、総務、法務などの職を経験する。12 年フリーランスのライターとなり、IT をはじめ医療、教育、文化からモータースポーツまで、さまざまな分野の執筆を手がける。

図解＆事例で学ぶ
書類＆資料作りの教科書

2015 年 12 月 31 日　初版第 1 刷発行

著　者　尾上雅典
発行者　滝口直樹
発行所　株式会社マイナビ出版
〒 101-0003 東京都千代田区一ツ橋 2-6-3 一ツ橋ビル 2F
TEL 0480-38-6872（注文専用ダイヤル）
TEL 03-3556-2731（販売部）
TEL 03-3556-2733（編集部）
Email：pc-books@mynavi.jp
URL：http://book.mynavi.jp

装丁　萩原弦一郎、藤塚尚子（デジカル）
本文デザイン＆ DTP　玉造能之、梶川元貴（デジカル）
印刷・製本　図書印刷株式会社

ISBN978-4-8399-5644-8
Printed in Japan